KB190123

우룡큰스님 법어집

정성 성誠이 부처입니다

🐝 효림

정성 성誠이 부처입니다

초 판 1쇄 펴낸날 2010년 11월 22일
　　　 7쇄 펴낸날 2018년 6월 12일

지은이 우룡 큰스님 강설
엮은이 김현준
펴낸이 김연지
펴낸곳 효림출판사

등록일 1992년 1월 13일 (제 2-1305호)
주 소 서울시 서초구 반포대로14길 30, 907호 (서초동, 센츄리Ⅰ)
전 화 02-582-6612, 587-6612
팩 스 02-586-9078
이메일 hyorim@nate.com

값 7,000원

서 문

책의 서문을 써달라고 하는데 엉뚱한 질문부터 던지고 싶어집니다. 묻겠습니다.

"이 글을 읽고 있는 우리는 불자(佛子)입니까? 불교신자 (佛敎信者)입니까?"

불자는 '나' 스스로 부처가 되어나가는 사람이요, 불교 신자는 부처님과 부처님의 가르침을 무조건 믿고 의지하는 사람입니다. 그렇다면 '나' 는 불자입니까? 불교신자입니까?

불교는 누군가를 무조건 믿고 따라가는 종교가 아닙니다. '나' 스스로 부처가 되는 길을 걷는 종교입니다. 석가모니 부처님처럼 '나' 의 힘으로 하나씩 하나씩 고쳐 나가

고 닦아나가는 불자(佛子)가 참된 부처님의 제자요, 무조
건 믿고 따라만 가는 불교신자는 참된 부처님의 제자가 아
닙니다.

불경을 많이 보신 분은 알겠지만, 불교의 어느 경전 어
느 구절에 '무조건 나를 믿고 따라야 한다' 는 말씀이 있습
니까? 오히려 '너의 힘으로 직접 체험한 것을 믿어라' 고
하셨습니다. 직접 밥을 먹어보고 배가 부르거든, '아!, 밥
을 먹어보니 배가 부르더라' 는 그 경험만을 믿으라고 하
셨습니다.

참된 불자라면 요행을 바라며 불교를 믿지 말아야 합니
다. 내가 뿌린 씨앗을 내가 거둔다는 마음으로 무소의 뿔
처럼 향상의 길로 나아가야 합니다.

그래서 이번 법문집에는 조금 깊이 들어가는 내용을 담았습니다. 부처님의 가르침을 통하여 스스로 업장을 녹이고, 보다 높은 세계로 나아가는데 도움이 될 수 있는 가르침들을 모아보았습니다.

잊지 마십시오. 불교 공부는 이 몸뚱이가 있을 때 해야 합니다. 이 몸뚱이가 떨어지고 나면 하고 싶어도 할 수가 없습니다.

"시방의 부처님께서는 모두 인간의 몸을 갖추었을 때 성불하셨느니라."

석가모니부처님의 이 말씀처럼, 부처를 이룸에 있어서는 그토록 소중한 것이 이 인간의 몸입니다. 그러므로 지금 인간의 몸을 받았을 때 참되게 발심하고 정성껏 공부하여야 합니다. 다음 생으로 미룰 일이 아닙니다. 다음 생에 또다시 인간의 몸을 받는다는 것은 쉬운 일이 아닙니다. 이 생에서 부지런히 지혜를 기르고 자비로써 복을 닦아야 합니다.

인간의 몸을 받았을 때 허송세월 하지 마십시오. 인간의 몸으로 있을 때 부지런히 공부하십시오. 그 공부에 조그마한 도움이라도 된다면 이 책을 낸 보람일 것입니다.

시간과 공간이 일치하는 자리에서 정성껏 살아 해탈의 세계, 성불의 길로 나아가기를 이 산승은 축원하고 또 축원합니다.

불기 2554년 10월
雨龍 합장

차 례

I

'정성 성(誠)' 이 부처입니다

정성 다해 믿으면 불교가 쉽다

성불의 의미

불교의 목표는 '성불(成佛)'이며, 성불은 보살행을 닦아 마침내 부처님의 경지에 이르는 것을 말합니다. 그리고 일반적으로 '성불'이라고 하면 우리 중생들이 석가모니 부처님과 똑같아지는 완전한 존재가 되는 것으로 규정을 짓고 있습니다. 하지만 나는 성불을 그렇게 규정지어서는 안된다고 생각합니다.

석가모니 부처님도 한두 생에 쌓은 공덕으로 부처님이 되신 것이 아니지 않습니까? 부처님의 전생이야기를 기록한 본생담(本生談)을 보면 알 수 있듯이, 세세생생 쌓아올린 복덕으로 석가모니 부처님이 되셨습니다.

우리 또한 어떤 목표를 하나 설정하여 온갖 정성과 노력을 기울여 그 목표를 달성하면 그것이 하나의 성불입니다. 하나의 일을 마무리하면 하나의 성불이요 또 하나의 일을 마무리하면 또 하나의 성불입니다.

이렇게 하나를 이룩하고 또 하나를 이룩하는 것이 성불입니다. 인생의 고비마다 쌓아올린 복덕과 쌓아올린 지혜가 세세생생 쌓이고 쌓여서, 우리도 석가모니 부처님과 같은 완전한 인격자가 될 수 있는 것입니다.

학문적으로도 모자라고 인격적으로도 모자라는 우리가 '진리의 불빛을 조금 보았다'고 해서 어떻게 바로 석가모니 부처님과 같은 완전한 차원의 성불에 이를 수 있겠습니까? 세세생생 쌓아올린 복덕과 지혜없이, 금생에서 내 마음의 불빛을 조금 본 것만으로는 전체적으로 완전한 존재가 될 수 없습니다.

우리는 불교를 바로 이해해야 합니다. 바르게 이해하고 바르게 실천해야 합니다. 그렇게 하기 위해서는 반드시 자신의 노력이 필요합니다. 염불·주력·화두·간경(看經) 등의 공부를 하되, 자기가 노력을 해야 합니다. 그래서 나는 언제나 불자들에게 말합니다.

"정성 '성(誠)'자가 부처입니다."

지성껏 불교를 믿는 사람에게 불교는 하나도 어려울 게 없습니다. 모두 이해가 되고 답이 나오고 실천이 되는 것이 불교입니다. 불교가 어렵다고 느껴지는 것은 내가 일상생활에서 정성 '성(誠)'을 벗어나 내 욕심으로 내 감정으로 살기 때문입니다. 정성(精誠)이라는 이름 아래, 지성(至誠)이라는 이름 아래 살 때에 불교는 조금도 어려울 게 없습니다.

정성으로 불교를 믿는 사람은 절대 옆길로 빠지지 않습니다. 지성으로 불교를 믿는 사람은 절대 불교를 착각하지 않습니다. 그렇지 않을 경우, 우리는 우상 숭배를 하지 않는 불교를 믿으면서 스스로 우상을 만들어내는 잘못을 쉽게 저지르게 됩니다. '내 마음·내 생각'이라는 우상을 가지고 내 멋대로 생각을 해버리면 불교는 이미 불교가 아니요, 부처도 이미 부처가 아닙니다.

부처님이 복을 주고 벌을 주는 불교는 불교가 아닙니다. 복도 내가 심어서 내가 거두는 것이고 죄도 내가 심어서 내가 거두는 것입니다. 모든 것은 내가 심어서 내가 열매를 거둡니다.

불자들이 부처님께 하는 절은 '미완성인 내가 완성된 나에게 하는 절'입니다. 지금의 나는 아직까지 모순덩어리이지만, 내 수행의 결과는 부처님처럼 저렇게 거룩합니다. 부처님은 누구든지 합장하고 절을 할 수 있는 내 미래의 모습입니다.

법당의 부처님은 내가 완전한 인격자가 되었을 때의 모습입니다. 내가 완전한 인격자가 될 때 주위의 사람들이 내 앞에 와서 부처님께 절을 하듯이 절을 하게 되는 것처럼, 미완성이고 덜 영글은 내가 완전히 영글은 나를 쳐다보고 하는 절입니다. 결코 절을 하는 나와 부처님을 따로 갈라놓아서는 안 됩니다.

날마다 나를 뒤돌아보면서 반성할 것은 반성하고 참회할 것은 참회하면서 자기 공부를 정성껏 지어나가야 합니다. 한 계단 한 계단 올라가는 내 자신을 자꾸 뒤돌아보면서 나를 채찍질할 수 있어야 참된 불자입니다. 엉뚱한 생각을 갖고 엉뚱한 길을 가면서, '아이구, 부처님. 저에게 복을 주시고 우리 집안에 복을 주십시오' 하는 사람은 되지 말아야 합니다.

불교를 착각하여 엉뚱한 생각을 갖고 엉뚱한 기대를 걸면 옆길로 가게 마련입니다. 원인이 바르면 결과 또한 바르게 나옵니다. 내가 좋은 씨앗을 뿌려서 정성스레 가꾸어 나가면 그 열매는 좋아질 수밖에 없습니다. 이것이 진리입니다. 이것이 대우주법계의 이치입니다.

좀 더 지혜롭게 좀 더 너그럽게 마음을 누그러뜨리고, 행동 하나 하나를 말 한마디 한 마디를 조심하고 조심하면서, 자기의 목표를 향하여 정성껏 한 걸음 한 걸음 나아가는 것이 참된 불자의 길입니다.

지혜와 망상

거듭 강조하건데, 불교를 착각하여 엉뚱한 생각을 갖고 엉뚱한 기대를 걸면 옆길로 가게 됩니다. 이것이 망상입니다. 중생이 깜깜할 때는 전부가 망상입니다. 저 밑의 계단에 있을 때는 망상 속에 서로 얽혀들어 허우적거리기 마련입니다.

그러나 염불이나 화두나 간경 등의 공부를 꾸준히 지어나가면, 언젠가는 한 걸음 한 걸음 올라와 계단 끝에 오게 됩니다. 물 흐르듯이 쉬임없이 노력하면 결과적으로 우리의 망상이 지혜로 바뀝니다.

노력의 결과, 어떤 차원에 도착하고 나면 어리석고 어두웠을 때의 망상이 바로 지혜가 됩니다. 망상이라고 하는 것이 똑 떨어져 나가버리고 그 자리에 다른 곳에 있던 지혜라고 하는 것이 딱 들어와 앉는 것이 아니라, 본래 우리가 갖고 있는 그 자체의 지혜를 회복한다는 말입니다.

'내' 가 좋아하고 싫어하는 마음이 떨어져버리는 차원에 가면 행동 하나하나는 물론이요, 성을 내는 것까지도 그대로 지혜가 됩니다. 우리 불교계에서 천진도인으로 유명했던 혜월(慧月:1862~1936)노스님의 일화는 우리의 망상과는 다른 차원의 이야기입니다.

❀

어느 날 혜월스님께 한 신도가 찾아와 아버지의 49재를 청하면서 일금 1백원을 시주하였습니다. 당시로서는 거금인 1백원을 가지고 재 준비를 하기 위해 시장으로 가는 길에, 한 여인이 노상에 앉아 넋을 잃고 울고 있는 모습을 본 스님은 그 까닭을 물었습니다.

"남편이 빚보증을 잘못 서서 살던 집에서 쫓겨나게 되었고, 빚쟁이들에게 시달려 죽을 지경입니다."

"그 빚이 얼마나 되느냐?"

"80원입니다. 가난한 저희로서는 만져보기조차 힘든 큰돈입니다."

혜월스님은 재 지낼 돈 1백원 중에서 80원을 주었습니다.

"이 돈으로 빚을 갚고 용기를 내어 사시오. 바른 마음으로 열심히 살면 잘 살 날이 올 것이오."

여인에게 용기를 심어준 혜월스님은 당장의 생활비조차 없는 딱한 사정을 불쌍히 여겨 나머지 20원까지 다 주었습니다. 그리고는 빈손으로 절로 돌아왔습니다.

또 한 번은 신도가 낸 49재 비용을 들고 시장으로 가다가, 양쪽 다리가 몽땅 끊어진 걸인이 길 가에서 달달 떨고 있는 모습을 보고, 혜월스님은 아무 생각 없이 그 돈을 다 주었습니다. 그리고는 "재 잘 지냈다. 진짜 재를 잘 지내 주었다"고 하였습니다.

이러한 일이 자주 있게 되자 노스님 밑에서 절 살림을 맡고 있던 만상좌 운암스님은 답답한 마음에 가끔씩 항의를 하였습니다. 그러면 혜월스님이 버럭 소리를 지르고 화를 내며 말을 막았습니다. 이에 운암스님은 시치미를 뚝 떼고 물었습니다.

"도인스님에게도 진심(嗔心)이 있습니까?"

"이놈아, 이것이 어찌 진심이고? 방광(放光)이지. 광명을 발하는 것이니라."

도인 혜월스님은 조금도 걸림 없이 즉석에서 말했습니다.

⚶

참다운 재가 무엇인지를 깨우쳐 주신 혜월노스님의 고함소리!

우리에게는 소리를 지르고 화를 내는 일이 번뇌망상이 되지만, 마음에 집착이나 미련이 떨어져 나가버리면 우리 생각이 그대로 지혜가 되고 중생을 위하는 길이 됩니다. 이것을 잊지 마십시오.

하지만 지금 지니고 있는 이 생각이 딱 떨어져 나가버리고 다른 깨끗한 마음이 들어온다거나 다른 지혜가 들어오는 것은 결코 아닙니다. 예를 들자면 금가락지를 녹여 금목걸이를 만드는 것과 같습니다. 가락지 시절의 금이 딴데로 가버리고, 다른 곳에 있던 금을 가지고 목걸이로 만든 것이 아니라는 이야기입니다. 금가락지가 그대로 금목걸이가 되었을 뿐입니다.

그런데도 우리는 자꾸만 차별념(差別念)을 일으켜 번뇌망상을 키우고 있습니다. 어리석은 중생임을 자처하는 우리는 번뇌망상이 일어나면 거기에 그대로 휩싸여 있을 뿐, 더 높은 차원으로 올라설 수 없다고 생각해버립니다. 왜냐하면 '나는 어리석은 중생' 이라는 생각 속에 빠져 있기 때문입니다. 중생과 부처를 둘로 갈라놓고 있기 때문입니다.

진리는?

모두가 부처님 하는 일

금가락지와 금목걸이는 같은 금으로 만든 것이라 했습니다. 일체의 장애가 결국은 깨달음, 곧 구경각(究竟覺)이 됩니다. 좋은 생각·나쁜 생각이 모두 해탈이고, 법을 이루고 법을 어기는 것이 모두 열반이며, 어리석음과 지혜가 모두 반야일 뿐아니라, 무명·진여가 한 경계입니다.

하지만 자꾸만 차별념(差別念)을 일으키고 분별심을 내어, 번뇌망상에 빠져 살고 있는 것이 우리의 현실이요 지금의 우리 모습입니다.

❀

일본 북부의 후쿠리쿠[北陸]에 있는 염불종의 한 사찰에는 대처승이지만 대학교수요 박사요 일본에서 손꼽히는 화가이신 노스님 한 분이 계셨습니다. 어느 날 법회가 끝날 무렵, 그 절에 다니는 한 할머니가 노스님께 질문을 던졌습니다.

"스님, 이해가 된다고 하면 구제를 받을 수 있습니까?"

"이해가 된다는 것 자체가 벌써 구제를 받은 것이지요."

그 말뜻을 이해하지 못한 할머니는 반박을 했습니다.

"스님처럼 거룩하신 분이라면 몰라도, 우리 같은 범부중생이 '이해하는 그 자체로 구제를 받았다' 는 생각을 어떻게 할 수 있겠습니까?"

그러자 노스님은 한쪽 옆에 앉아 있는 자신의 아내를 가리키며 말했습니다.

"이 사람은 나의 팬티를 하루에 두 번 이상 빨래합니다."

"예?"

"나이가 많은 나는 대소변이 나오는 것도 미처 깨닫지 못할 때가 많습니다. 그 때문에 아내가 하루에도 몇 번씩 대소변이 묻은 나의 옷을 씻습니다. 이러한 내가 무엇이 거룩합니까?"

그 말을 들은 대중이 숙연하게 있자 노스님께서 말씀하셨습니다.

"모두가 부처님이 하는 일이지. 똥을 싸는 나도 부처님이요, 나의 팬티를 하루에 두 번 세 번 씻는 저 사람도 부처님이야. 이곳은 부처님의 세상이야. 부처님들끼리 사는 세상이지."

§

'모두가 부처님이 하는 일!'

우리는 이런 생각을 하지 못하고 삽니다. 오히려 '나는 언제나 깜깜한 중생이니까 이런 실수 저런 죄를 짓고 살지만, 스님들이라면 나와는 다른 세상에 살고 계실 것이다'라는 착각을 합니다.

스님의 삶이나 중생의 삶이나 모두가 법계의 일입니다. 이렇게 갈라놓고 저렇게 따지는 것은 망상입니다. 모두가 하나로 똘똘 뭉쳐 있는데, 부처가 어디에 따로 있고 중생이 어디에 따로 있으며, 망상과 지혜가 어찌 따로 있는 것이겠습니까? 조각을 내니까 탈이 나는 것입니다. 그렇다고 누가 옆에서 분별심을 채찍질하는 것도 아닙니다. 내가 자꾸만 분별심을 일으킵니다.

그러므로 좋은 것·나쁜 것 가려내어 조각을 나누지 말아야 합니다. 하지만 조각을 내고 나누는 일이 버릇이 되어버린 우리는 좋은 일·나쁜 일, 잘한 일·잘못한 일 등으로 자꾸 조각을 내어 탈을 만들고 있습니다.

『원각경』에서는 원각의 자성자리가 빛깔도 소리도 냄새도 모양도 없는 자리인데, 중생의 차별심으로 인해 보살성(菩薩性)이 생기고 성문성(聲聞性)이 생기고 연각성(緣覺性)이 생기고 부정성(不定性)·외도성(外道性)이 생긴다고 하였습니다. 진리 자체는 특정한 성품이 있는 것이 아닌데, 개성을 따라서 진리가 그대로 나타난다는 이야기가 됩니다.

진리는 고정된 어떤 모습이 없습니다. 그리고 고정된 모습이 없기 때문에 자성을 고집하지 않고 집착하지 않고, 인연을 따라 그대로 이루어집니다. 작은 모래 알갱이에게 가서는 모래라는 인연을 따랐고, 큰 바위에게 가서는 바위라는 인연을 따랐을 뿐입니다. 도토리나무는 도토리나무대로 진리가 있고, 소나무는 소나무대로 진리가 있습니다. 대우주법계의 밑바닥에 깔려 있는 생명력이 어떤 인연에 의지해서 어떤 모습으로 나타난 것뿐입니다.

원각(圓覺)·진리 그 자체는 본래 평등하여 차별성이 없는데, 모든 성품을 좇아서 일어나기 때문에 낱낱의 개성이 있는 것처럼 보입니다. 비유를 하건데, 바다라고 하면 거기에는 큰 파도건 작은 파도건 물결이건 물거품이건 다 포함이 됩니다.

곧 바다가 움직일 때에 파도가 일어나고 거품도 일어나는 것과 같이, 진리 그 자체는 차별성이 없지만 개성을 따라서 파도가 일어나고 거품이 있게 되는 것과 같습니다. 바다는 대우주의 본성의 자리이고 파도는 개성으로 나타나는 것입니다. 개성을 따라 개성에 맞추어서 움직이기 때문에 차별성이 있는 것처럼 보일 뿐입니다.

진리 자체는 하나일 뿐인데, 이 진리라고 하는 것이 묘하게도 개성을 좇아 나타나기 때문에 개성이 있는 것처럼 착각을 하지만, 실제로 개성은 없습니다. 실제로 '보살이다 · 중생이다 · 성문이다 · 연각이다' 라는 개개의 성품은 없다는 것입니다.

진리에는 '보살이다 · 중생이다, 깨달았다 · 미했다' 가 없습니다. 우리가 공부를 쉬임없이 지어가면 눈앞의 헛것이 없어지게 됩니다. 결국 대우주 진리의 자성은 그대로인데, 여기에 자꾸 차별을 내는 것이 망상이 됩니다. 진리가 언제 '내가 진리이니까 너희들은 이제 나를 진리라고 불러라' 는 소리를 한 적이 있습니까?

내 생각 · 내 마음이 우상을 만들어 부처 · 불교를 멋대로 생각하고 멋대로 판단을 하게 되면 여기에 병통이 붙어버립니다.

이제 한번 돌아보십시오. 나의 이야기가 어렵습니까?

내 쪽에서 부지런히 연구하고 공부를 하면 불교의 이치는 전부 이해가 되는 쉬운 이야기가 되지만, 공부를 하지 않는 사람에게는 아무리 쉽게 풀이를 해주어도 어려운 소리로밖에 들리지 않습니다.

망상이 바로 지혜라는 것을 이해할 수 있어야 합니다. 물 흐르듯이 끊임없이 공부를 하면 망상이 지혜로 바뀐다는 것을 알게 됩니다. 망상과 지혜는 진리 그 자체에서 보면 차별성이 없는 본래 평등이기 때문입니다.

왜 봄을 봄이라고 하는가?

여기서 한가지 질문을 던지겠습니다. 우리나라는 사계절이 분명하며, 그 사계절의 첫 번째를 봄이라고 합니다. 그럼 왜 봄을 봄이라고 합니까?

답을 해보십시오.

"? ….   ? …."

망설일 이유가 없습니다.

"봄이니까 봄이다."

이렇게 대답하면 됩니다. 봄이니까 봄이라고 하는 것이지, 봄이 아닌 것을 두고 봄이란 소리는 하지 않습니다. 자꾸 내 꾀를 가지고 갖다 붙이려고 하니까 어긋나는 것입니다. 그대로 꾸준히만 하면 됩니다.

　조용히 앉아서 화두를 들든 염불을 하든 주력을 하든, 꾸준히 하다보면 어떤 질문이 와도 생각을 굴리지 않고 바로 답이 나와 버립니다. 이것이 바로 선(禪)입니다. 이론적으로 따지는 것이 아니라, 앞도 뒤도 없이 주저하지 않고 다만 바로 그때 나타나는 행동이나 나타나는 말로 그대로 답이 나오게 되어 있습니다.

　'봄을 왜 봄이라고 하는가?' 하는 질문에 속는 것입니다. 저쪽 사람 말에 속는 것입니다. 여기에 속지 말고 흔들리지 말아야 합니다. 조금이라도 꾀를 붙여서 딴 말로 꾸미려고 하면 벌써 진리에서 벗어나고 틀려버리게 됩니다.

　십년간은 꾸준히 공부해보십시오. 그렇게 하면 불교의 선방 이야기나 경전 이야기가 모두 이해가 됩니다. '아! 이 소리가 바로 그 소리구나. 내가 체험한게 바로 이거구나'라는 것을 깨닫게 됩니다.

　하지만 공부를 하지 않는 사람에게는 누가 와서 아무리 쉽게 이야기를 해주어도 어려운 말밖에 되지 않습니다. 이것이 불교의 어려운 점입니다. 공부하는 사람에게는 아주 쉬운 이야기인데, 공부하지 않는 사람에게는 까다롭고 어려운 이야기가 불교입니다.

　꼭 절에 가서 몇 천배를 밤을 새워가며 할 필요도 없습니다. 집에서도 좋고 길거리를 걸어가면서도 괜찮습니다. 내가 공부로 세운 기둥 하나를 붙들고 시도 때도 없이 자꾸 하시면 됩니다. 부지런히 하면 됩니다. 이렇게 계속 공부하는 분에게는 눈에 보이지 않는 복과 덕이 함께 합니다.

주위에서 불교공부를 꾸준히 하는 이들을 곁에서 지켜보고 있노라면, 어떤 어려운 경우가 닥쳐와도 쉽게 넘어가는 것을 볼 수 있습니다. 나는 그때마다, '자신이 부지런히 노력하는 사람은 대우주가 그 사람을 버려 두지 않는다. 늘 도와주고 보호해준다' 고 합니다. '아미타불' 한 번 더 부르고, 광명진언이나 '옴마니반메훔' 한 마디 더 하는 그 속에 눈에 보이지 않는 그만한 복과 덕과 지혜가 내 곁으로 옵니다.

이런 점을 생각하면 힘이 들고 서툴고 쑥스러울지라도, 잡다한 번뇌에 끌려 다니지 말고 부지런히 노력해야 합니다. 우리의 생명은 호흡지간에 있다는 것을 절실히 느끼고, 일상생활 속에서도 공부의 고삐를 다잡아야 합니다.

석가모니 부처님의 가르침의 원점은 죽음에서 출발했다고 볼 수 있습니다. 그런데 석가모니 부처님은 죽음을 '결국에는 너도 죽고 나도 죽는다' 는 식으로 피상적으로 받아들이지 않고, 태어난지 7일 만에 돌아가신 어머니의 죽음을 가슴에 칼을 꽂듯이 받아들인 것이 아닌가 하는 생각이 듭니다.

우리 또한 죽음을 피상적으로 받아들이게 되면 어떤 공부를 하더라도 아무 것에도 고리를 걸 수가 없습니다. 염불을 하든 화두를 들든 주력을 하든, 부처님의 가르침을 깊게 받아들인 사람은 그것이 진실한 행이 되고 절실한 행이 됩니다. 피상적으로 넘겨버리면 아무 것도 남는 게 없지만, 절실하고 간절하게 받아들이면 날이 갈수록 공부의 강도가 차츰차츰 깊어지는 것을 스스로 알아차릴 수 있습니다.

우리는 죽은 목숨이 아니기 때문에 분명히 살아서 모든 일상을 내 생각대로 하고 있는 것 같지만, 사실은 생각이 자꾸 단절이 되고, 돌아왔다가는 또 끊어집니다. 염불을 하면서도 끊어지고 주력을 하면서도 자꾸 끊어집니다. 끊어지지 말고 우리의 의식이 살아서 연결이 되어야 합니다. 의식이 흐트러지지 않는 쪽으로 가야 합니다.

부처님 가르침의 원점인 죽음! 우리 모두는 결국에는 죽습니다. '내가 죽는다!' 는 이 점을 끌고 와서, 우리의 의식이 또렷이 깨어 있어 흐트러지지 않고 단절이 되지 않도록 노력을 해야 합니다.

부처님의 가르침을 피상적으로 넘겨버리면 아무 것도

남는 게 없습니다. 이 생의 마지막 순간에는 아무 것도 가져갈 것이 없습니다. 그러나 움직일 때나 고요할 때나 한결같고, 말을 할 때나 말을 그쳤을 때나 연결이 되어 한결같고, 깨어 있을 때나 잠을 잘 때에도 연결이 되어 한결같다고 하면, 오매일여(寤寐一如)의 차원을 넘어 생사일여(生死一如)의 경지까지 단절됨이 없게 됩니다.

우리는 작년 보다는 올해가, 어제보다는 오늘이 부처님의 가르침에 한 발자국 더 가까이 다가서 있어야 합니다. 앞으로 한 걸음 더 나가 있어야 합니다.

앞에서 나는 '정성 성(誠)자가 부처' 라고 하였습니다. 그리고 '하나의 목표를 설정하고 부지런히 노력하여 그 목표를 이루는 것이 하나의 성불' 이라고 했습니다. 이렇게 하나를 이룩하고 또 하나를 이룩하는 불자, 정성으로 불교를 믿는 불자가 되기를 간절히 축원 드립니다.

성불(成佛)! 성불….

II
부처가 되어가는 사람

불교는 현재를 이야기하는 종교

여기가 바로 극락

부디 지금 하는 제 말에 오해가 없으시길 바랍니다.

참된 불교는 누구를 믿는 종교가 아닙니다. 또 누구에게 의지하는 종교도 아닙니다. 그래서 나에게는 '불교신자'라는 말이 우리 불자들을 모독하는 소리처럼 들립니다.

우리 불자들에게는 '신도(信徒)'의 믿을 신(信)자가 필요 없습니다. 그냥 '불교인'이고 '불교도'일 뿐입니다. 부처가 되기 위해 노력하는 사람이요 부처가 되기 위해 노력하는 단체일 뿐, 맹목적으로 부처를 믿는 것이 아닙니다.

나 스스로 부처가 되어가는 것입니다. 힘이 들어도 내 마음가짐을 내가 고치고 내 행동을 내가 고쳐가며 한 걸음 한 걸음 부처가 되어가는 것이 불교입니다.

석가모니 부처님이나 조사 스님들의 가르침에 대해 확신이 서면 그 가르침을 믿고 따라가는 것이지, 그냥 부처님을 졸졸졸 따라가는 것은 불교가 아닙니다. 불교인은 부처가 되기 위해 노력하는 사람이요, 부처가 되어가는 사람입니다.

우리가 부처가 되기 위해서는 남보다도 눈이 하나 더 있어야 합니다. 즉, 진리의 눈이 하나 더 뜨여져야만 합니다. 우리 불자들은 두 눈에 보이는 세계 속에서만 살아서는 안 됩니다. 제3의 세계를 체험하여 제3의 세계에서 살아야 합니다. 그 세계는 참으로 거룩하고 아름답고 평화로운 세계입니다.

그런데 그 세계는 죽은 다음에 가는 극락(極樂)이 아닙니다. 여기가 바로 극락이라는 것을 이 몸을 가지고, 바로 지금 내가 체험할 수 있어야 합니다. 이 몸으로 극락을 체험하고 거기에서 내가 살아야 합니다.

이 몸이 죽고 난 다음에 가는 세계가 극락이 아닙니다. 내가 죽고 난 다음에 간 극락이 어디인지 누가 알 수 있습니까? 거룩하고 아름답고 평화로운 나라에 가서 사는 것을 '극락을 간다'고 합니다. 그런데 한 평생을 불평불만 속에 찌들어 살다가 이 몸뚱이 죽었다고 하여 어떻게 극락 가기를 바랄 수 있겠습니까?

불교에서 말하는 극락이란 이 몸뚱이 떨어진 다음에 가는 극락이 아니라, 이 몸을 가지고 있을 때 바로 극락을 체험하고 이 몸으로 살아야 하는 극락입니다. 나는 이러한 극락에서 살아가는 것이 불교인의 목적이라고 생각합니다.

염불·참선·주력·독경 등의 공부를 부지런히 지어나가 바로 이 자리에서 극락세계를 체험하고 극락에서 살아야 합니다. 한 걸음 더 나아가 내 가족을 모두 이끌어서 함께 극락 속에 살도록 만드는 것이 불교인의 목표가 되어야 합니다.

한 평생을 거룩함 속에서 평화로움 속에서 사는 불자는 지겹고 더럽고 싸움이 난무하는 세상을 보는 것이 아니라, 언제나 아름답고 거룩하고 평화로운 세상을 쳐다보고 삽니다. 그런 분들에게는 여기 말고 따로 어디에 극락이 있겠습니까? 여기가 바로 극락입니다.

우리 불자들은 미룰 시간이 없습니다. 우리는 이 몸을 가지고 바로 극락을 체험하여 극락에 살아야 되고, 내 가족을 극락으로 인도해야 할 책임이 있습니다.

이 몸 죽은 다음에 가는 곳이 극락이 아닙니다. 살아서 극락을 가고 극락에 머물러야 됩니다. 내가 죽고 난 다음에 극락에 가기를 바라는 것을 불교인의 목표로 삼아서야 되겠습니까?

그래서 필요한 것이 제3의 눈입니다. 육체의 이 두 눈 말고 제3의 눈이 뜨여질 때, 법계의 세계·깨달음의 세계를 볼 수 있습니다. 제3의 눈을 뜰 때 이 세계는 아름답고 거룩하고 평화로운 세계가 됩니다.

힘이 들어도 부지런히 공부를 해야만 합니다. 그렇게 할 때 제3의 눈이 생겨납니다. 제3의 눈으로 진리의 세계를 쳐다보고 진리의 세계에서 사는 생활이 바로 극락입니다.

내가 부처님과 문답을

조선 시대에는 지금의 서울인 한양에 4대문이 있었습니다. 한양에 들어오는 문이 여럿 있었다는 이야기입니다. 동쪽에서 오는 사람은 동쪽 문으로 들어왔을 것이요, 서쪽에서 오는 사람은 서쪽 문으로 들어왔을 것입니다. 요즘 같으면 더 많은 길이 나 있어 더 다양한 방법으로 올 수 있습니다. 비행기로도 올 수 있고 기차로도 올 수 있고 자동차를 타고도 올 수 있습니다.

이처럼 큰 성에 문이 여럿 있으면 그 중의 하나를 이용해서 성에 들어갈 수 있듯이, 부처가 되는 데에도 여러 가지 방편이 있으며, 극락에 가는 방법에도 여러 가지 방편이 있습니다.

극락을 체험하고 극락에서 살기 위해서는 꼭 염불만 해야 하는 것도 아니고 화두만 해야 하는 것도 아닙니다. 항상 노력하는 사람에게는 여러 길이 열려 있습니다. 부처님의 나라를 장엄하면서 깨달음을 이루는 방편은 어느 하나로 고정되어 있지 않습니다.

부처님은 우리를 위해서 널리 일체 방편을 설해 주셨습니다. 이에는 참선·염불·주력·독경·참회 등등의 여러 방편이 있습니다. 나와 인연이 닿은 한 가지 방편을 택하여 부지런히 노력하면 누구나 부처님의 진리 바다에서 노닐 수 있습니다.

언제나 향상하려고 노력하는 사람이나 애를 쓰는 사람은 조그마한 움직임 하나에도 진리를 알아차릴 수 있습니다. 대우주의 나뭇잎이 하나 까딱하는 모습이나 바람이 선들 부는 모습 등, 그 어떠한 계제에서도 진리를 깨칠 수 있습니다.

노력하는 사람에게는 불교의 수행방법이 그렇게 옳고 그렇게 맞을 수가 없습니다. 또 그런 수행방법으로 영험이나 공덕을 얻어가질 수 있습니다. 그러나 내가 노력을 하지 않는 사람은 10년을 절에 다녀도 아무런 향상이나 보탬이 없습니다. 물에 물 탄 듯, 매일 그 상태 그대로입니다.

남의 이야기를 아무리 들어봐야 무슨 소용이 있겠습니까?

'나' 스스로 염불·주력·화두·간경·절 등의 공부를 꾸준히 계속 하는 사람에게는 마치 무서운 번갯불에 튀듯이, 우연찮은 어떤 계기가 자기의 마음과 칼날이 부딪혀서 불교의 진리나 법에 눈이 뜨여지게 됩니다. 그러므로 죽으나 사나 내가 애를 써야 됩니다. 내가 애를 쓰지 않는 사람에게는 아무런 보탬도 줄 수 없는 것이 불교입니다.

실로 불자들에게 필요한 것은 다음 생을 바램이 아니라 지금의 노력입니다. 불교는 과거를 이야기하는 종교가 아니라, 영원히 현재의 이야기를 하는 종교입니다. 불교 경전들도 언제나 현재를 이야기하고 있습니다. 그래서 나는 경전을 풀이해 드릴 때 언제나 강조하여 말하는 것이 있습니다.

"옛날의 석가모니부처님이 수보리 존자나 사리불 존자와 나누는 대화가 아니라, 부처님과 지금의 내가 주고받는 문답이 되어야 한다."

『금강경』을 읽을 때에는 내가 수보리 존자가 되어서 부처님의 질문에 어떻게 답을 할 것인가 연구해 보아야 합니다. 『아미타경』을 읽을 때에는 내가 사리불 존자가 되어서 부처님의 질문에 대한 답을 생각해 보아야 합니다. 그래야만 경전을 공부하는 보람이 있게 됩니다.

『반야심경』 첫머리에 나오는 관자재보살 또한 바로 지혜로운 나 자신이어야 합니다. 관세음보살이 아니라 '바로 내가' 실천자가 되어야 합니다.

부처님의 경전을 읽을 때에는 언제나 부처님과 내가 직접 대화를 하고 있다는 생각을 하면서 경을 풀이하고 이해해야 경전을 공부하는 보람이 있습니다. 그냥 '옛날에 부처님과 수보리 존자와의 문답이 이랬었구나' 하면서 지나가 버리면 나하고는 아무 관계가 없는 것이 되고 내 가슴에 와서 콱 박히는 것이 하나도 없게 됩니다.

『금강경』을 읽을 때는 내가 당사자인 수보리 존자가 되어, '부처님께서 나에게 지금 이렇게 이야기해주시는데, 받아들이는 나는 어떻게 해야 되는가?' 이런 생각을 하면서 경을 읽으면 공부가 몰라보게 향상이 됩니다.

불교 경전은 언제나 현재의 이야기를 합니다. 오늘날 한국 불교계가 조금 지나치게 방편에 치우쳐서 죽은 다음에 극락 가기를 바라는 쪽이나 전생이야기를 자꾸 끌고 옵니다만, 불교는 현재에 사는 종교이고 현재를 이야기하는 종교임을 잊어서는 안 됩니다.

아울러 우리가 현재에 살기 위해서는 한 평생을 꾸준히

내 공부를 위해 노력해야 합니다. 한 두 해에 마칠 수 있는 공부가 아니므로 평생을 두고 꾸준히 매일매일 해야 합니다. 부처가 되기 위해 매일매일 꾸준히 공부를 하여, 부처가 되어가는 사람이 불교인이라는 것을 꼭 기억하여야 합니다.

진리의 세계에는 졸업장이 없다

모래로는 밥 못 짓는다

그런데도 우리는 마치 모래를 가지고 밥을 해먹으려는 사람들과 흡사하게 살아갑니다. 나는 많은 불자들로부터 '모래를 가지고 밥을 하는 사람'이라는 것을 뼈저리게 느낍니다. 불과 몇 년을 절에 다니면서 몇 마디 말을 익히고 나면 '이제는 불교 다 알았다'는 식이고, '이제는 그만 하면 됐지' 하는 식입니다. 그러니까 결국은 모래를 쪄서 밥을 하려고 하는 사람과 같다는 이야기입니다.

불교에 몸을 담고 있는 수많은 불자들은 자꾸만 졸업장을 만들려고 하고 계단을 만들려고 합니다. '어디쯤까지 하면 되었다'는 한계점을 그어놓고, '그만하면 되었다'고 합니다. 그러나 진리의 세계에는 한계점이 없습니다. 진리의 세계는 헛바닥이나 수료증으로 통하는 세계가 결코 아닙니다.

불교공부는 10년을 한 사람이나 1년을 한 사람이나 겉으로 보이는 모습에는 별로 표가 나지 않습니다. 그러나 내가 1년을 불교 공부할 때와 2년을 공부할 때가 다릅니다. 해가 거듭될수록 내가 체험하는 차원이 다르다는 것을 확연히 알 수 있습니다.

겉으로 보기에는 별 차이가 없는 것 같지만 거기에는 무서운 차이점이 있습니다. 겉의 모습으로는 안 됩니다. 맑고 밝고 깊고 편안한 그 이상의 세계를 무엇으로 표현할 수 있겠습니까? '이 물이 차가운가 뜨거운가'는 물을 마셔 본 자만이 알 수 있습니다. 곁에 사람은 모릅니다. 절대로 알 수 없습니다.

내가 뼈저리게 부딪히며 공부를 해봐야 합니다. 너무나 쉽게 어디쯤에 계단을 만들어놓고 '뭐, 이만큼 올라왔으면 됐지' 하는 식의 공부로는 안 됩니다. 그러다가는 다시 밑의 계단으로 되돌아가기도 하고, 바닥에 떨어져 버리기도 합니다.

불교 공부에는 한계점이 없습니다. 불교 공부에는 졸업장이 없습니다. 어디를 끝이라고 할 것입니까? 오직 끈기 하나를 가지고 끝없이 끝없이 밀어붙여보아야 알 수 있는 것이 진리의 세계요 법의 세계입니다.

그런데도 사회에서 보면 명예와 공명에 눈이 어두워 앞으로 한 걸음 더 나아가지 못하는 경우가 많이 있습니다. 불교 공부에는 인간의 명예나 지위 등의 이름을 붙이려고 해서는 안 됩니다. 곳곳에서 무슨 신도회장 한번 지내고 나면 완전히 불교의 졸업장을 받은 것처럼 여기게 되는데, 불교 공부에 무슨 졸업장이 해당이 되며, 무슨 계단이나 계급이 해당이 됩니까? 한평생 뼈저린 수행이 꾸준히 뒤따라야 참된 불자요 참된 불교인이라 할 수 있습니다.

❀

1960년경, 교계에 거의 이름이 알려지지 않은 노스님 한 분이 부산 범어사에서 열반에 드셨습니다.

스님의 성은 황씨(黃氏)요 법명은 하담(河潭)으로, 19세에 금강산 장안사로 출가하여 오로지 '나무아미타불' 만을 불렀습니다. 스님은 앉으나 서나 '나무아미타불' 을 외웠고, 일 할 때도 밥 먹을 때도 '나무아미타불' 을 잊지 않았습니다. 이렇게 하기를 10여 년이 넘자 대화를 나눌 때도 '나무아미타불' 이 끊임없이 이어졌고, 잠을 잘 때도 '나무아미타불' 과 함께 하게 되었습니다.

마침내 하담스님은 30대 중반의 나이에 아미타불의 무

량한 광명을 보고 견성(見性)을 하였고, 무량한 빛과 무량한 진리를 체득한 기쁨을 억제하지 못하여 금강산에서 하산을 했습니다. 모든 중생에게 '나무아미타불'이라는 이 거룩한 단어 하나를 귀에 넣어줌으로 해서 중생들의 업장을 녹이고 죄업을 소멸시켜주고자 서울로 온 것입니다.

스님은 서울의 골목 구석구석을 누비며 '나무아미타불'을 외웠습니다. 사람들의 귀로 '나무아미타불'이라는 소리를 듣고, 눈으로 '나무아미타불'이라는 글자를 보기만 하여도 그만큼 업장이 소멸되고 공덕이 생겨난다는 확신이 있었기 때문입니다. 그러다가 관심을 보이는 사람이 있으면 극락세계와 아미타불에 대한 법문을 들려주었고, 때로는 염불을 통한 업장참회법도 가르쳤습니다.

이렇게 하기를 5년, 스님은 더 여법(如法)한 공부를 하고자 했습니다. 어디를 가나 '아이고, 큰스님'하며 알아보고는 법문을 청하는 등 자기 공부에 방해가 되었기 때문입니다. 그러다가 완전히 공부하는 방법을 바꾸어 버렸습니다. 남들 앞에서는 술이 좋아 술에 빠져 사는 사람처럼 행세를 하고 다닌 것입니다.

자연, 스님의 생활은 언제나 '나무아미타불'과 함께하게 되었지만, 대중들로부터는 차츰 막식막행승(莫食莫行僧)으로 취급받게 되었습니다. 심지어 어떤 절에서는 곡차를 한다는 이유로 들어오지 못하게까지 하였으므로, 스님은 이절 저절로 떠돌아다녀야 했습니다.

그러나 스님은 뼈 속 깊은 곳까지 부처님으로 가득 차 있었으므로 어떠한 구박에도 동요됨이 없었습니다. 늘 아미타부처님과 함께 했습니다.

그리고 도움을 주는 사람에게는 '감사' 보다 '축원' 을 했습니다. 작은 친절에도 큰 도움에도 스님은 결코 고맙다는 말씀이 없었습니다. 언제나 합장을 하고 "이 공덕으로 다음에 부처가 되십시오" 라고 하셨던 것입니다. 아이에게나 어른에게나, 남자에게나 여자에게나 조그만치라도 고맙게 해주는 이에게는 합장을 하고 허리를 깊이 숙이며 한결같이 말했습니다.

"이 공덕으로 다음에 부처가 되십시오."

이렇게 아미타불과 하나가 되면서 '부처 되라' 는 한마디 축원으로 일관했던 하담스님은 말년을 범어사에서 보냈습니다. 뒷채에서 행자나 일꾼들과 함께 공양을 하고 잠을 잤습니다. 그리고 아침공양이 끝나면 종일 나다니다가 저녁 늦게 돌아오곤 하였습니다. 그러던 어느 날, 하담스님이 범어사 총무스님을 불렀습니다.

"석 달 후에 내가 가야 되겠소."

하지만 총무스님은 농담처럼 들었습니다. 딴 곳으로 간

다는 말씀인지, 세상을 하직한다는 말씀인지조차 되물어 보지 않고 그냥 무심하게 흘려버렸습니다. 그 뒤, 가신다고 약속한 날 꼭 일주일 전에 총무스님을 다시 방으로 불러 꼬깃꼬깃 모은 10원짜리, 100원짜리로 6만원을 건네주면서 절 살림에 보태쓸 것을 부탁했습니다. 그리고 양말 속에 넣어두었던 3만원을 따로 내어놓으며 말했습니다.

"이 돈이면 내 초상비용은 될 거야."

하담스님은 가시겠다고 한 하루 전날, 손수 향나무를 넣어 달인 물로 목욕을 하고 미리 마련해둔 수의(壽衣)로 갈아입은 다음, 깨끗한 장소를 골라 목욕하기 전에 입었던 옷들을 모두 태워버렸습니다. 실로 남은 것이라고는 없었습니다. 수건 하나, 양말 한 켤레 없었습니다. 오직 수의 위에 장삼과 가사를 차려입은 것뿐이었습니다.

'3개월 후에 가겠다' 고 했을 때는 농담처럼 들었던 총무스님도 계속되는 하담스님의 이상한 거동에 경각심을 일으켜, 가신다고 한 날 이른 새벽부터 세 명의 젊은 승려들로 하여금 스님 곁을 지키도록 하였습니다. 오전 10시가 되자 하담스님이 말했습니다.

"이제 내가 가야 할 시간이 되었구나."

그때 곁에 있던 젊은 승려가 짓궂게 말을 던졌습니다.

"스님, 지금이 법당에서 마지 올리는 시간인지 모르십니까? 어찌 중이 되어가지고 부처님께 마지 올리는 시간에 가시려고 하십니까?"

"허, 듣고 보니 그 말씀도 옳구려. 나를 일으켜주시오."

앉은 채로 고요히 열반에 들고자 했던 하담스님은 젊은 승려들의 부축을 받아 법당으로 나아갔습니다. 그리고 법당 한 옆에 단정히 앉아 부처님께 올리는 사시마지가 모두 끝날 때까지 조용히 기다렸습니다. 마침내 사시마지는 끝났고, 스님은 옆에 있는 승려에게 부탁했습니다.

"이제는 할 수 없소. 나 좀 눕혀주소."

주위 승려들의 도움으로 반듯이 누운 하담스님은 조그마한 음성으로 게송을 읊으며 마침내 열반에 들었습니다.

원공법계제중생　願共法界諸衆生

자타일시성불도　自他一時成佛道

§

하담스님의 거룩한 죽음 뒤에는 한 걸음도 헛된 걸음이 아닌, 잠자는 속에서도 공부가 끊어지지 않는 무서운 노력이 있었습니다. 오직 죽어라고 몰아붙인 자기의 기운이 있었기 때문에 거룩한 죽음을 맞이할 수 있었습니다.

안으로 꽉 뭉친 자기 기운이라야 마지막 순간까지 흐트

러지지 않고 끊어지지 않습니다. 똘똘똘 뭉친 자기 기운이라야 이 몸을 벗어버리고 다음 몸을 받아올 때까지 연결이 됩니다.

자기 공부의 힘이 있으면

이 공부에 무슨 졸업장이 해당되며, 무슨 계급이 해당되겠습니까? 남의 눈 앞에서 저울질을 해대는 그 차원에서 뺑뺑 돌아서는 안 됩니다. 그렇게 하는 것은 불교가 아닙니다. 설사 진리의 불빛을 조금 보았다고 해도, 그 불빛 본 것을 어깨에 걸러 매고 다녀서는 안 됩니다. 끝까지 가야 합니다.

그런데도 모두가 어떤 계급의식 속에, 남의 눈이나 남의 손가락질에 놀아나고 남의 혓바닥에 놀아나고 있습니다. 남들이 올려다보면서, '아이고, 저 스님이 큰스님이라 하더라' 고 하면 거기에 휘말려들어 안타깝게도 공부의 끝까지 가려는 노력이 없어져버립니다.

남이 뭐라고 하든 거기에 끌려 다니지 말고 부지런히 부지런히 노력해야 합니다. 한 해 한 해 공부를 거듭할수록 점점 더 오묘해진 법계의 모습을 체험하게 되고, 한 걸음 한 걸음 향상할수록 불가사의한 법계의 모습을 체험하게 됩니다.

불과 얼마 전 대만에서 있었던 일입니다. 돌아가신지 7년 만에 스님의 시신을 넣어놓은 항아리의 뚜껑을 열어보니 죽은 몸이 하나도 썩지 않은 채 수분만 완전히 빠져나가고 그대로 보존되어 있었기에, 그 스님의 시신에 금칠을 하여 모셔놓은 모습이 언론에 보도된 바 있습니다.

이러한 경우도 결국은 자기의 기운으로 불가사의한 일이 일어난 것이지 어떤 다른 힘이 조화를 부린 것이 아닙니다. 그저 죽어라고 공부를 몰아친 자기의 기운과 대우주의 기운이 완전히 한덩어리가 되어서 일어나는 일이지, 그렇지 않고서는 있을 수 없는 불가사의한 일입니다.

우리는 모두 불교를 공부한다고 하면서도 끈기가 모자랍니다. 끈기가 모자라, 조금 공부를 하다가 중도에서 그만두고 맙니다. 그러나 그렇게 해서는 인간으로 태어난 마지막 관문인 죽음의 문제를 해결하지 못합니다. 수행의 경지는 마지막 임종을 어떻게 맞이하느냐가 관건입니다

불교에서 이야기하는 죽음은 죽음이 아닙니다. 영험입니다. 영험을 이야기하는 것입니다. 대우주 세계에는 죽음이라는 것이 존재하지 않습니다. 물질로 된 이 몸뚱이는 목숨이 끊어지면 없어지지만, 불교에서 말하는 영험을 체험한다는 것은 불교공부를 완전히 익혀 내 살림살이를 만

들어 놓아야 알 수 있는 세계입니다. 내 살림살이를 만들어 놓기 전에는 아무리 내가 불교를 안다고 해봐야 아무 소용이 없습니다.

불교공부를 하는 이들은 무엇보다 먼저 내 가슴에 생긴 응어리를 모두 풀어내야 합니다. 부모에게 생긴 응어리, 내외간에 생긴 응어리, 자식에게 생긴 응어리, 형제간에 생긴 응어리, 물질 때문에 생긴 응어리, 명예 때문에 생긴 응어리…. 이 모든 응어리가 풀어지고 녹아내리려면 10년·20년에 되지 않습니다. 30년·40년 … 평생을 바쳐야 합니다.

그렇다고 이 응어리들만 녹아내렸다고 해서 끝이 나는 게 아닙니다. 별 수 없습니다. 금생에 빚진 것 다 갚아야 하고, 남의 가슴에 칼질한 것 다 되받아야 되고, 남의 눈에 눈물 흘리게 한 것 다 되받아야 하고, 남의 입에 한숨 나오게 한 것 다 되받아야 합니다.

이미 말씀드린 대로 여기에 무슨 계단을 만들어놓고 '이제 나는 다 올라왔으니까 그만 해도 된다' 는 식의 어리석은 일은 저지르지 말아야 합니다. 우리는 모두 이렇게 어리석게 살고 있습니다. 그러나 법계의 일, 대우주의 일은 그것 가지고는 안 됩니다.

김지장스님이 입고 있던 가사를 던져 구화산 전체를 모

두 덮어버렸다는 이야기처럼, 우리에게도 분명히 그런 기운이 있고 그런 큰 힘이 있습니다. 또 그렇게 되게 되어 있는 것이 대우주입니다.

분명한 것은 내 가슴에 응어리가 남아 있는 상태, 내가 물질에 걸리고 이론에 걸리는 상태로는 한평생을 절에 다니고 불교 이야기를 들어도 별 소용이 없게 되어 있습니다.

그러니 부디 불교공부에 계단을 만들지 마십시오. 불교 공부에 졸업장을 찾으려고 하지 마십시오. 힘이 들어도 그저 묵묵히 꾸준히 노력해야만 합니다. 중간에 꾀가 나서 이런 생각 저런 생각을 만들지 말고 꾸준히 하면 됩니다,

불교는 대우주와 크기가 같고 대우주와 수명이 같습니다. 그렇기 때문에 어디까지 가는 것이 졸업이라는 이야기가 있을 수 없습니다. 늘 부탁드리는 대로 내 공부의 중심을 잡고 흐트러지지 않도록 몰아붙이면 됩니다.

내가 만든 장난에 내가 빠지지 말아야 합니다. 여기에 자꾸 계단을 만들려거나 졸업장을 만들려고 하지 마십시오. 대우주와 크기가 같고 대우주와 수명이 같은 여기! 어디에 한계점을 만들어 놓고 졸업장을 붙이겠습니까?

내 공부가 쌓이고 쌓여 날이 가고 해가 갈수록 점점 불교의 영험, 대우주의 영험을 체험하고 대우주의 모습을 알

아가게 될 것입니다.

옛 어른들이 체험하시고 나투신 영험이 옛어른들만의 일이 아니라 바로 내 자신이 체험할 수 있는 일이요, 내 자신이 바로 그 세계에서 살 수 있다는 것을 알아가게 될 것입니다.

부디 한 걸음 한 걸음 더 향상하면서, 부처가 되어가는 나 자신을 느끼고 체험하는 불자가 되기를 축원드립니다

III
대우주의 주인은 '나'

주인 노릇을 잘 하라

시간을 끌고 가며 살자

불교는 내가 대우주의 주인임을 가르쳐줍니다.

"내가 대우주의 주인인데 왜 자꾸 나의 힘을 믿지 못하고 남을 따라 다니느냐? 본래의 나 자신에게로 돌아가라"고 가르쳐 줍니다.

'나'는 대우주 세계의 주인으로, 주인 노릇을 잘 하면 아무에게도 속지 않습니다. 그런데 '왜 남에게 속고, 주변에 속고, 성현들에게 속느냐?' 이겁니다.

내가 주인 노릇을 못하고 있기 때문입니다. 내가 본래 대우주의 주인인데, 나의 힘을 잃어버리고 나의 작용을 잃어버려 질질 끌려 다니고 있기 때문입니다.

무엇에 끌려 다니는가? 눈에 끌려가고 귀에 끌려가고 코에 끌려가고 혓바닥에 끌려가고 피부에 끌려가고, 시간에 끌려가고 일에 끌려가고 있습니다. 속는 줄도 모르고 회오리바람에 휘말려 돌아가고 있으니, 이러한 우리가 사실은 얼마나 바보스럽습니까?

분명히 하루 24시간을 내가 주인이 되어서 살아야 합니다. 대우주의 주인공이 바로 나고, 대우주가 바로 나의 몸입니다. 누구에게도 지배를 받을 필요가 없습니다. '내가 주인임을 확신하여 자신을 갖고 살라' 는 가르침이 바로 불교입니다.

조주스님께서는 말씀하셨습니다.

"천하의 사람이 하루 24시간을 시간에 끌려 다니지만 나는 시간을 끌고 간다."

이는 '아무에게도 속지 않고 내가 주인이 되어 살아간다' 는 이야기입니다. 그러나 그냥 가만히 앉아서 공부하는 흉내만 내고 있다고 하여 이렇게 되지는 않습니다. 그럭저럭 살면서 세월만 보내고 있으면 세세생생을 지내도 아무런 진전이 없습니다.

그럼 어떻게 해야 하는가? 공부를 해야 합니다. 불교에는 참선 · 염불 · 주력 · 간경(看經) 등 여러 공부 방법이 있지만, 모든 공부의 귀착점은 한 곳입니다. 그리고 특별히 빨리 성취되거나 마냥 더디게 성취되는 공부가 따로 있는 것이 아닙니다. 빠르고 더디고는 오직 나의 노력에 달려 있습니다.

내가 목숨을 걸어놓고 이를 악 물며 공부하면 빨리 이루게 될 것이요, '나 같은 게 어떻게 할 수 있겠나?' 하면서 조금 흉내만 내고 있으면 절대 이룰 수 없는 것이 불교공부입니다.

그래서 옛 어른들은 말씀하셨습니다.

"이 일은 소를 끌고 지붕에 올라가는 것처럼 다부지게 해야 한다."

황소를 끌고 지붕 위에 올라가려면 어름어름 해서는 어림도 없습니다. 소의 코뚜레를 바짝 끌어 잡아당겨야 합니다. 코뚜레를 바짝 잡아당기면 아무리 큰 소라도 아프니까 따라오게 되어 있습니다.

이처럼 화두나 염불이나 경전 등의 공부를 지어나갈 때, 코뚜레를 다부지게 잡아 소가 정신 못 차리도록 끌고 가듯이 다부지게 해야지, 절대로 느슨하게 고삐를 풀어서는 안 됩니다.

이 공부는 누가 대신 해주고 누가 책임을 져 주는 공부가 아닙니다. 불교 경전에서 하는 이야기는 언제나 같습니다. 금강경·능엄경·원각경·화엄경·법화경·유마경… 이 모두가 '대우주의 주인공이 바로 나' 라는 이야기입니다. '대우주가 모두 나의 것인데 왜 그것을 모르고 있느냐? 그것을 잘 알아서 내 마음대로 살 수 있게끔 하라' 는 이야기입니다.

복(福)이 필요할 때는 복을 갖다 쓰고, 덕(德)이 필요할 때는 덕을 갖다 쓰고, 지혜(智慧)가 필요할 때는 지혜를 가져다 쓰고, 물질이 필요할 때는 물질을 가져다가 네가 알아서 네 마음대로 다 쓰라는 이야기입니다.

꼭 필요한 것은 어디에나

대우주 세계 속에는 내가 필요로 하는 물질이 없는 것 같지만, 여기에는 꼭 필요한 것들이 다 갖추어져 있습니다. 2차 대전 후 일본에서 있었던 실화 하나를 소개 하겠습니다.

🌸

2차 세계대전 직후, 전쟁에 패한 일본에는 넝마주의들이 모여 사는 '개미마을' 이라는 것이 많이 생겨났습니다. 가난한 사람들이 도시 변두리의 국유지에 허름한 판자집을 지어, 노동능력이 있는 사람은 종이 등의 폐품을 주워서 생계를 유지하고, 아이와 노인들은 집을 지키면서 살았습니다.

하지만 자기 땅이 아닌 국유지에 사는 그들에게 일본 정부가 너그럽지만은 않았습니다. 힘들게 집을 짓고 열심히 생활하여 조금 자리가 잡힐 때가 되면, 개발사업이나 도시 정비사업 등을 내세워 그들을 내쫓고 개미마을을 없애버렸습니다.

바로 이러한 시절에, 고등학교를 졸업한 아가씨 한 명이 개미마을로 왔습니다. 폐병을 앓고 있었던 그녀는 부모님께 청했습니다.

"어차피 죽을 목숨! 나름대로 보람 있게 살고 싶습니다."

그녀는 250여 명이 살고 있는 개미마을로 들어와 아이들에게 공부를 가르치며 지냈습니다.

그러던 어느 날 시청으로부터 통고가 날아왔습니다. 개미마을의 땅을 시에서 사용하고자 하니 모두 이주를 하든지, 같은 크기의 다른 땅을 살 돈을 지불하라는 것이었습니다. 벼락을 맞은 듯한 충격을 느낀 개미마을 사람들이 시청을 찾아가 통 사정을 하였지만 마이동풍이었습니다. 대책 없이 쫓겨날 판에 그 아가씨가 개미마을의 대표인 청년을 불렀습니다.

"이 땅을 비워주지 않고 계속 살려면 최소한 얼마의 돈이 필요합니까?"

"시청의 요청대로 2회에 나누어 지불해도 당장 2백원이 필요합니다."

"내가 조금 해보지요."

아가씨는 밤낮없이 며칠을 기도하였는데, 어떤 이가 찾아와 당시로서는 엄청나게 큰 2백원이라는 돈을 '좋은 일에 쓰라' 며 아가씨에게 주고 간 것입니다. 그래서 250명의 개미마을 식구들이 모두 살아났습니다.

그리고 몇 년 뒤, 2차로 시청에 줄 돈을 마련하지 못하여 개미마을 전체가 근심에 싸여 있었을 때에도 아가씨는 기도를 하였고, 또 어디선가에서 필요한 만큼의 돈이 들어와 해결을 하였습니다.

마침내 무의탁 넝마주의들이 사는 개미마을이 안정을 되찾아 정착하게 되었을 때, 폐병이 심해진 아가씨는 세상을 떠났습니다. 물론 개미마을 주민들은 모두 자기의 부모를 잃은 사람처럼 통곡을 하며 애도하였습니다.

⁂

우리도 지극히만 하면 어떤 기도든지 다 이루어낼 수 있습니다. 그런데 왜 쉽사리 이루어내지 못하는 것일까요? 우리의 기도는 때가 묻어 있기 때문입니다.

우리가 주로 하는 기도는 어떤 기도입니까? 보통은 내 가족이 잘 먹고 잘 살기 위한 돈이 필요할 때 하는 기도입니다. 내 가족이 아닌 몇 백 명의 불쌍한 사람들을 도와주기 위한 돈이 필요할 때 하는 기도가 아닙니다. 우리의 기도에는 이미 때가 묻어 있어 대우주에서 그 돈을 얻어내지 못하는 것입니다.

때가 묻어 있으면 곳곳에서 탈이 생깁니다. 전부가 욕심이고 때로 가득찬 소원은 기도를 하더라도 성취되기 어렵습니다. 욕심이 주춧돌이 되기 때문에 기도도 안 됩니다.

공부도 마찬가지입니다. 어떤 기대나 욕심이나 욕망을 가지고 공부를 하기 때문에 공부가 잘 안 됩니다. 욕심이 없고 때가 묻지 않으면 대우주의 지혜와 복덕 등의 참으로 좋은 그 모든 것들을 내 마음대로 쓸 수 있습니다.

당나라의 시인 두보의 시에도 이와 비슷한 내용이 나옵니다. 탐심이 없으므로 길을 가다가도 '아! 여기에는 금이 묻혀 있겠구나', '아! 여기에는 은이 묻혀 있겠구나'를 알 수가 있다는 것입니다.

밤길을 걸어가면서도 내 마음에 짐승들을 해롭게 한다든가 짐승의 고기가 맛있다는 등의 생각이 조금도 없으면,

개들이 짖지를 않고, 숲 속에 들어가면 토끼 · 노루 · 사슴 같은 순한 짐승이 곁으로 다가와서 같이 논다는 것입니다.

세속에 사는 사람도 이렇게 대우주의 무한한 지혜와 덕과 복을 누리고 사는데, 기도한다는 우리가 법계의 혜택을 못 누린데서야 되겠습니까? 우리의 마음에 때가 끼어 있으므로 공부도 안 되고 기도도 안 된다는 것을 다시금 되돌아 보시기 바랍니다.

마음이 원점이요 중심

삼베 자루에도 물이 담긴다

정녕 우리 마음의 본바탕은 모양도 없고 빛깔도 없고 소리도 없고 냄새도 없는 본래 청정한 부처자리입니다. 그런데 시작 없는 옛적부터 망상을 피워 착각하고 집착하여 살다보니 이 본래 청정한 제 자리를 유지하지 못하게 되었고, 망상이 본바탕의 자리를 차지하여 주인 노릇을 하게된 것입니다.

하지만 망상이란 본래 없는 것입니다. 그런데도 우리의 망상으로 내가 있고 남이 있고, 좋은 것이 있고 나쁜 것이 있고, 선이 있고 악이 있는 것으로 착각을 합니다. 중생의 망상을 주춧돌로 하므로, 텅 빈 본바탕에서 망상을 일으킨 다음, 그 망상으로 다시 상대적인 분별을 일으켜 끊임없이 생각을 전개시켜 나가기 때문에 망업(妄業)이 생기게 되는 것입니다.

이처럼 중생은 망상을 주춧돌로 삼아 좋아하는 경계와 싫어하는 경계를 끊임없이 만들어가기 때문에 원래의 청정한 본성자리에 들어가지 못합니다. 망상으로 '아상·인상·중생상·수자상이 있다'고 집착하고, '내가 실제로 있다'고 착각을 하며 살아갈 뿐입니다.

이렇듯 원점을 잃어버리고 허우적거리며 살아가는 우리가 '마음의 본바탕이 본래 청정한 부처자리'임을 어찌 확신하며 살아갈 수 있겠습니까?

이와는 반대로 우리의 마음이 대우주와 한 덩어리라는 확신을 가지면 이루지 못할 것이 없습니다. 문제는 우리 자신이 대우주의 원리를 생각하지 못하고 거기에 대한 확신을 가지지 못하는데 있습니다.

내가 자주 들려드리는 관세음보살의 화신인 보덕각시 이야기 중 일부를 잠깐 소개 하겠습니다.(이야기 전체를 알고 싶은 분은 우룡스님 저 『불교신행의 주춧돌』 p.213~218 참조)

❀

고려시대 초기, 회정(懷正)스님은 금강산 보덕굴(普德窟)에서 불도를 이룰 것을 발원하며 천일기도를 시작하였습니다. 약 1년이 지났을 무렵, 20세가량 된 딸과 50세 전후의 아버지가 불쑥 찾아왔습니다.

'보덕' 이라는 이름을 가진 딸은 회정스님에게 '기도만 부지런히 하라' 고 당부한 다음, 아버지를 폭포 곁으로 데리고 가서 한가마니의 쌀을 능히 넣을 수 있는 크기의 삼베자루를 넘겨주며, 그 자루에 물을 가득 채울 것을 지시했습니다. 아버지는 딸의 당돌한 지시대로 하루 종일 폭포 곁에 앉아 바가지로 물을 퍼서 삼베자루 속으로 붓고 또 부었습니다.

어느 날 보덕각시는 삼베자루에 물을 붓고 있는 아버지에게 여쭈었습니다.

"아직도 삼베자루에 물이 고이지 않습니까?"

"구멍이 무성한 삼베자루에 어떻게 물이 차겠느냐?"

순간, 보덕각시는 아버지를 똑바로 쳐다보며 나무랐습니다.

"신심의 주춧돌이 놓여져 있지 않은데 어떻게 실천이 뒤따를 수 있겠습니까? 아버님은 '삼베자루에 물이 찬다' 는 것을 믿어나 보셨나요? 삼베자루도 그릇입니다. '삼베 사이로는 물이 빠져 나간다' 는 고정된 관념 때문에 삼베자루에 물을 채우지 못하는 것이지, 확실히 믿어 보십시오. 왜 못합니까?"

'그래, 착한 내 딸이 아버지를 헛고생을 시키지는 않으리라. 굳게 믿고 한번 해보자.'

 아버지는 마음을 단단히 고쳐먹고 열심히 삼베자루에 물을 부었습니다. 삼베자루에 물을 채울 수 있다는 신념 하나로 붓고 붓고 또 부어, 마침내는 '물을 붓는다', '새어 나간다' 는 것까지 잊어버린 채 마냥 부었습니다.

 그런데 7일만에 기적이 일어났습니다. 삼베자루에 물이 가득 찬 것입니다. 항아리에 물이 담겨 있듯이 삼베자루에 물이 고스란히 담겨 있는 것이었습니다. 아버지는 너무나 기뻐 덩실덩실 춤을 추며 노래를 불렀습니다.

 "호롱불이 불인 줄을 진작에 알았으면, 밥은 벌써 오래 전에 되었을 것을!"

 물은 그릇에 담기게끔 되어 있습니다. 태평양의 물도 태평양이라는 그릇에 담겨 있고 한강의 물도 한강이라는 그릇에 담겨 있습니다. 큰 물은 큰 그릇에 담겨 있고 적은 물도 작은 그릇에 담겨 있습니다. 삼베자루도 하나의 그릇입니다.

 삼베 자루에는 물이 새어버리고 담기지 않는다는 것은 중생의 망심(妄心)입니다. 물은 그릇에 담기는 것이 원리입니다. 물은 그릇에 담긴다는 것이 원리이기 때문에 삼베자루든 뭐든 물은 그릇에 담기게 되어 있습니다.

하지만 그 원리를 생각하지 못하는 우리는 확신을 가질 수 없습니다. 확신이 없으니까 실천이 따르지 않고, 결과 또한 있을 수가 없습니다. 삼베자루도 그릇이고, 물은 그릇에 담기게 되어 있다는 확신을 가지면 삼베자루에도 물이 담겨집니다.

보덕각시의 아버지가 바가지를 집어던지며 '호롱불이 불인 줄을 진작 알았으면 밥이 벌써 됐을 걸'이라고 한 뜻이 무엇이겠습니까? 호롱불을 가지고는 밥이 안 되는 것으로 착각을 했는데, 약하든 어쨌든 호롱불도 불은 불이라는 이야기입니다.

우리 모두는 망상에 젖어 있어서 탈이 됩니다. 호롱불도 불입니다. 좋은 마음이든 나쁜 마음이든, 망상심이든 집착심이든, 언제나 우리 마음이 원점입니다. 때가 묻은 마음이든 발심한 마음이든 우리 마음이 원점입니다.

우리의 마음가짐이 바를 때에 모든 것은 다 이루어지게 되어 있고 마음가짐이 어긋날 때 모든 것은 다 어긋나게 되어 있습니다. 그런데도 우리는 이러한 원리에 대해 확신을 가지지 못합니다.

내가 책임자이고 내 마음이 주인입니다. 언제나 내가 대우주의 주인이라는 주인의식을 가져야 합니다. 하지만 여태까지의 버릇으로인해 다른 누군가가 나의 일을 대신 해 줄 것만 같고, 다른 존재자가 세상의 일들을 다 주관하는 것처럼 착각을 해버립니다. 아닙니다. 이 착각에서 깨어나 십시오.

'언제나 대우주의 주인은 나.'

내가 주인이라는데 대한 확신이 서야 합니다. 대우주의 주인공은 나고 대우주는 나의 몸입니다. 언제나 내 마음이 원점입니다. 호롱불도 불임을 알아야 합니다.

속지 말아라

불교에서 말하는 선(禪)은 '우리 마음을 흔들리지 않게 단속하는 것' 입니다. 이것이 불교의 출발점입니다. 우리가 불자라고 하면, 일상생활을 하는 가운데에도 마음의 구심점이 어딘가에 있어서 흔들리지 않아야 합니다.

내 마음의 중심이 바로 서 있어 마음이 흔들리지 않으면, 객관의 세계가 나와 따로따로 분리되지 않습니다. 내가 흔들리지 않으면 내 곁의 객관의 세계도 흔들리지 않게 됩니다. 이것이 불교의 선이고 불교의 출발점입니다.

따라서 일상생활에서 내 마음을 늘 단속해야 합니다. 눈에 들어오는 모양에 속거나 귀에 들어오는 소리에 속아서는 안 됩니다. 피부에 닿는 감촉에 속거나 혓바닥에 닿는 맛에 속아 넘어가면 안 됩니다. 자칫 이런 것에 속아버리면 되돌릴 수 없는 재앙을 불러오게 될 수도 있습니다.

그러므로 늘 마음 단속을 잘 해야 합니다. 좋은 것도 기대하지 말고 나쁜 것도 상관하지 말아야 합니다. 우리는 불자들이니까, 죽어서 극락세계에 왕생하는 기대를 늘 갖게 됩니다. 그러나 뜻밖에도 이런 망상이 크게 잘못된 결과를 가져오기도 하므로 늘 조심해야 합니다.

한평생 '아미타불' 염불을 독실하게 한 일본의 어느 거사님은 죽기 전의 숨이 깔딱깔딱 넘어갈 즈음에 거룩한 아미타불의 모습이 눈 앞에 나타났습니다. 그러자 막 죽어가던 어른이 활을 갖고 오라고 시켜, 금빛 나는 아미타불을 향해 화살을 쏘았더니 너구리가 화살에 맞아 넘어졌다는 이야기가 있습니다.

그래서 중국의 서암(瑞巖)은 선원의 툇마루에 걸터 앉아 먼 산을 바라보면서 늘 자문자답했습니다.

"주인공아!"
"네."
"정신차려라."

"네."

"뒷날에도 남에게 속지 말아라."

"네."

　우리가 좋은 것을 기대하다보면 좋은 데에 속아 넘어가게 됩니다. 그러므로 우리 불자들은 좋은 것에도 기대를 걸지 말아야 하고, 나쁜 것에는 더더구나 말할 필요도 없습니다. 극락에도 속지 말고 정토왕생에도 속지 말고, 지옥에도 속지 말아야 합니다.

　이렇게 속지 않기 위해서는 평소에 늘 생각을 바로잡아서, 어떤 일에도 흔들리지 않도록 마음 단속을 하며 살아야 합니다. 부지런히 정진을 하되 부처님에게도 끌려가지 말아야 됩니다.

　전에도 당부 드렸지만 불자들은 부처님을 졸졸 따라다니는 사람이 되어서는 안 됩니다. '불자는 부처가 되어가는 사람' 입니다. 부처님을 믿는다는 말에 속아서 끌려다녀서는 안 됩니다.

　믿는다는 말에 속아 끌려 다니면, 숨질 무렵에 속아 넘어갈 수도 있고, 숨진 다음에 속아 넘어갈 수도 있고, 멀쩡하게 두 눈을 뜬 채 살면서 속아 넘어갈 수도 있습니다.

　평소에 내가 일으키는 망상이 바로 현실에서 마구니가

되어 나를 속일 수도 있고 장난을 걸어올 수도 있으니, 절대로 이런 데에 흔들려서는 안 됩니다.

그리고 나의 버릇이 나의 당대로 끝나는 것이 아니라, 내 버릇이 내 아들에게 유전이 되고 내 손자에게 유전이 된다는 것을 돌아보셔야 합니다. 나의 행동이나 버릇이 자식들에게 유전이 되고 확산이 된다는 것을 생각하고 사는 사람이라면 함부로 행동하거나 나쁜 습관을 만들지 않으려고 노력할 것입니다.

술 버릇이든 노름 버릇이든 약을 먹는 버릇이든 노는 버릇이든, 절대로 나 하나에서 끝나지 않습니다. 내가 일으킨 행동을 보고 자식들이 '싫어 싫어!'·'미워 미워' 하는 마음을 가지면서도 그 행동이나 버릇들이 무의식중에 익혀져 자리가 잡혀 버립니다. 그러다가 아이들이 자라면서 본 그대로, 아버지가 술을 마시고 소리 지르던 것과 거의 다를 바 없이 따라하게 됩니다.

싫다는 생각도 무의식 속에 뿌리박히면 자기도 모르게 그대로 답습하게 됩니다. 나의 작은 버릇이 그렇게 무서운 열매를 맺게 된다는 점을 늘 주의하면서, 일상생활을 너무 가볍게 생각하지 말고 마음의 구심점을 찾아 흔들리지 않도록 노력해야 하겠습니다.

우리의 마음이 흔들리지 않게 단속하는 것이 불교의 출

발점이라고 했습니다. 우리가 참다운 불자라면 나의 형편에 맞게 부지런히 불교 공부를 하여, 흔들리지 않고 속지 않는 기운을 내가 자꾸 만들어가야 합니다. 자꾸 공부 쪽으로 기운을 똘똘 뭉쳐 가면, 지금 가슴 속에 찌들어 있는 불평불만 등의 응어리들은 일부러 버리려고 하지 않아도 저절로 떨어져나가게 됩니다.

이때 지극한 마음으로 하면 우리의 얼굴이 달라집니다. 지극한 마음으로 참회하고 공부하면 업이 녹아버립니다. 업이 녹아 내리기 때문에 우리의 얼굴이 달라지는 것입니다. 지금 이 얼굴을 가지고는 아무리 염불을 했느니 공부를 했느니 해도 업을 못 면합니다. 진실로 할 때 업이 녹아지고 이 얼굴이 달라집니다.

그렇게 될 때까지 부지런히 부지런히 해야 합니다. 남이 알든 모르든 내 공부를 내가 부지런히 해야 합니다. 길을 걸어가든 잠자리에 누워서든 일을 하든 화장실을 가든, 놓치지 말고 공부의 기운을 똘똘 뭉쳐가야 합니다. 이렇게 자꾸 뭉치는 노력이 꼭 필요합니다. 이것이 모든 문제를 해결하는 열쇠가 됩니다.

나는 가끔 신도들에게 질문을 합니다.

"움직이는 무덤과 못 움직이는 무덤이 다를 게 무엇입니까?"

백중기도 때 위패를 모시게 되는 돌아가신 분의 그 무덤이나, '내다 내다' 하면서 움직이고 있는 이 무덤이나 다를 것이 뭐가 있습니까? 욕심·욕망·감정을 채우지 못해 가슴에 응어리를 잔뜩 품고 떠난 그분들의 뒷모습과, 이렇게 움직이면서도 가슴의 응어리를 풀지 못하여 끼고 사는 우리는 똑같습니다.

씨앗이 열매가 되는 것이 인과의 이치입니다. 알게 모르게 저지른 모든 잘못을 부지런히 참회하고, 정성으로 기도를 하면서 살아야 합니다. 바로 내 발등에 칼날이 떨어지고 있습니다. 내가 한평생 살면서 뿌린 그 씨앗이 열매가 되어 내 발등에 떨어지게 되어 있습니다. 숨 쉴 틈이 없습니다. 씨앗을 뿌릴 때 벌써 열매는 나에게 떨어져 부딪히고 있는 것입니다. 내가 모를 뿐입니다.

이처럼, 우리가 산다는 것은 절대 간단하지 않습니다. 산다는 것 자체가 무서운 일이고 어려운 일입니다. 그리고 이런 일들로 얽히고 설킨 속에 사는 것이 중생계입니다. 그런데도 눈꺼풀에 속아 우리 눈에 안 보이고 우리가 보지 못하면 덮어놓고 '없다' 고 해버립니다. '그럴 리가 어디 있나?' 라고 해버리지만, 눈꺼풀 하나 만으로는 해결이 되지 않는 것이 이 세상입니다.

부디 부처님과 연을 맺고 부처님 도량에 출입을 하는 우리 불자들은. 부지런히 참회하고 지성으로 공부하여, 내 마음이 흔들리지 않도록 단속을 잘 하시기 바랍니다. 그리하여 어디에도 끌려가지 않고 어디에도 속아 넘어가지 않는 대우주의 주인이 되기를 두 손 모아 축원 드립니다.

IV
대우주 세계와 하나가 되어

바른 생각 · 바른 방편

확신이 없으면 안 된다

　당나라 때의 고승인 단하천연(丹霞天然)선사는 삭풍이 살을 에이는 듯한 겨울날에 행각을 하다가 낙양의 혜림사에 이르렀습니다. 밤은 깊어가는데 매섭도록 추운 날씨에 등골이 시려, 스님은 도저히 잠을 이룰 수 없었습니다.

　단하스님은 일어나 땔감을 찾았고, 마침 법당에 봉안되어 있는 목불(木佛)을 보고는 번쩍 들어다가 도끼로 쪼개어 불을 붙였습니다. 바짝 마른 목불은 이내 붉은 화염을 넘실대면서 타올랐고, 몸이 훈훈해지자 단하스님은 만족스런 표정으로 그 불길을 바라보고 있었습니다. 그때 그

장면을 목격한 혜림사의 원주가 노발대발하여 달려들며 호통을 쳤습니다.

"감히 부처님을 태우다니! 어디서 온 미친 중놈이냐?"

하지만 단하스님은 상대도 하지 않고 불을 쬐고 있다가, 목불이 거의 다 타버리자 막대기로 재를 뒤적거렸습니다. 더욱 분통이 터진 원주는 소리쳤습니다.

"이놈아, 무슨 짓을 하고 있느냐?"

"화장을 한 석가여래의 몸에서는 무수히 많은 사리가 나왔다고 하지 않소? 나도 이 타버린 부처님에게서 사리를 얻으려는 것이오."

"이 어리석은 중놈아! 목불에서 어찌 사리가 나온다는 것이냐?"

"사리가 나오지 않는 바에야 나무토막이지, 무슨 부처님이오? 추워서 좀 때었기로서니 허물 될 것이 무엇이오?"

§

이 이야기를 통하여 깨달을 수 있듯이, 나무부처와 그림부처는 불을 못 건너가고, 돌부처와 흙부처는 물을 못 건너가며, 쇠부처와 금부처는 용광로를 건너가지 못합니다. 나무부처와 그림부처는 불에 타버리고, 흙부처는 물에 녹아버리며, 돌부처는 물에 가라앉습니다. 쇠부처와 금부처는 용광로 속에서 녹아버립니다.

과연 우리는 어떠한 부처님을 섬기고 있습니까?

한 처사님이 나를 찾아오셔서 질문을 했습니다.

"제가 불교에 의지한지는 얼마 되지 않았습니다. 그런데 책을 보니까 부처님은 우리 마음 안에 있다고 했습니다. 내 마음 안에 부처님이 있다면, 지금 우리가 절을 하고 있는 법당의 이 부처님은 무엇입니까?"

이 질문에 여러분들은 어떻게 답을 하시겠습니까?

정답은 말을 떠나 있습니다. 말은 소용이 없는 것입니다. 하지만 어떠한 경지에 이르기까지 말을 버릴 수 없습니다.

미륵보살의 게송에 다음 구절이 나옵니다.

밤마다 부처를 안고서 잠을 자고
아침마다 부처와 함께 일어난다
일어남과 앉음을 서로 같이하고
말하고 침묵함도 동시에 하나니
털끝만큼도 떨어짐 없음이
몸과 그림자의 관계와 같도다
부처 간 데를 알고자 하는가
바로 이 말소리가 부처이니라

'말소리가 바로 부처'라고 하셨으니까, 말을 하지 않는 것도 틀렸다는 이야기가 됩니다.

법당의 부처님은 무엇인가? 부처님 가신 곳, 참부처님 계신 곳은 어디인가? 이런 문제들은 부지런히 연구를 하다 보면 쉽게 답이 나옵니다. 그렇다고 연구하여 문제를 풀려고 하지는 마십시오. 염불·참선·주력·경전공부 등 평소에 하는 공부를 계속 부지런히 하다 보면 답이 저절로 나오게 되어 있습니다. 그런데 억지로 여기에 답을 끼워맞추려고 하면 점점 멀리 가버립니다.

이러한 문제들에 대해 말로든지 행동으로든지 순간적으로 답이 나오지 않으면 그냥 내버려두면 됩니다. 그대로 내버려두고 평소에 내가 하는 공부를 부지런히 하다 보면, 언젠가 이 문제에 대한 답이 자연스럽게 나오게 되어 있습니다.

그럼 답이 자연스럽게 나오는 때는 언제인가? 우리의 몸과 마음에 대한 애착이 비워질 때입니다. 깨달음을 이루려면 '나의 몸과 마음이 실체가 없는 아지랑이와 같다'는 것이 이해가 되고 체험이 되어야 합니다. 내 몸과 마음이 전부 헛된 것이요, 믿을 수 없는 것이요, 집착을 해서는 안 된다는 것이 우리의 가슴에 와서 꽂혀야 합니다.

그런데 지금의 우리는 어떻습니까? 헛되다는 것을 조금

이나마 느끼고 있습니까?

부처님을 비롯하여 미한 중생이나 모든 유정물들이 의지해서 살아가는 이 세상 모든 것들이 우리의 눈에는 있는 듯이 보이지만, 실체는 헛된 것이요 아지랑이 같은 것이요 공한 것입니다. 다만 이것들이 모두 똘똘 뭉쳐져서 한 덩어리를 이루고 있는 것입니다.

따라서 '대우주세계다·마음이다' 하는 이 모든 것이 본래는 하나의 청정한 덩어리라는 것이 확신이 되어야 바른 생각이 정립될 수 있고, 바른 방편이 나올 수 있습니다.

그런데 지금의 우리는 바른 생각이라는 것도 서 있지를 않고, 바른 방편이라는 것도 잡혀 있지 않은 상태에 있습니다. 그렇다고 그냥 막연하게 앉아 이야기만 듣고 있으면 아무 소용이 없습니다. 바른 생각을 정립하고 바른 방편을 굴릴 수 있어야 합니다.

그럼 어떻게 하여야 이것이 가능한가? 딴 방법은 없습니다. 모름지기 부지런히 공부를 하시면 됩니다.

염불을 하시는 분들은 적어도 하루에 3만 번 정도는 해야 합니다. 나의 경험으로 볼 때 1만번 정도는 쉽게 할 수 있고, 3만 번까지는 스스로 일상생활에도 책임을 질 수 있는 기도분량이 됩니다. 3만 번 이상 넘어가면 벅차서, 일상생활에서의 책임에 차질이 생겨날 수 있습니다.

오늘 딱 하루만 3만 번 이상 염불하여 끝이 난다면 별 문제가 없겠지만, 오랜 기간을 계속 하려고 하면 3만 번 이상의 염불 때문에 지쳐서 생활의 리듬이 완전히 깨어져 버립니다. 하지만 하루 3만 번의 테두리 안에서는 괜찮으니 부지런히 해보십시오.

'아미타불·관세음보살·지장보살·문수보살·석가모니불' 등 어떤 불보살이라도 좋습니다. 하루 3만 번씩 3년을 계속 해보십시오. 3년을 계속 부지런히 하다 보면 눈치라도 생기게 됩니다. 한 걸음 더 나아가면 소위 제3의 세계, 즉 불교에서 이야기하는 선정의 세계, 정신통일이 이루어진 '정(定)의 세계'를 체험할 수 있습니다.

그리고 '신묘장구대다라니'를 하는 사람은 적어도 하루에 7백 번에서 1천 번까지는 스스로가 책임질 수 있는 테두리입니다. 그 이상은 버거울 수 있습니다. 그렇게 한 3년을 몰아붙여 보십시오. 정성스럽게 꾸준히 하다 보면 '나'의 몸이라고 하는 것이 완전히 헛된 것이요 공한 것이라는 체험이 따라오게 됩니다.

우리의 몸이 헛된 것이요 공한 것이요 아무 소용이 없다는 것을 체험할 수 있는 것은 꼭 부처님이나 큰스님들에게만 해당되는 차원이 아닙니다.

몇 년 전에 대전의 보현회관에서 앉아서 돌아가신 부여

의 보살님도 체험한 차원입니다. 그 보살님은 용맹정진의 마지막 날, 법당에서 조용히 합장하고 앉아 그대로 돌아가셨습니다.

이 보살님도 다른 이들처럼 가정생활을 하면서 아들딸 키우고 도시락 싸주고 청소하고 빨래하는 여느 부모님과 똑같은 일상을 반복한 분이었습니다. 우리도 부지런히 하면 그렇게 됩니다. 부러워할 것도 없습니다. 나도 부지런히 공부하면 됩니다. 부지런히 공부하면 깊은 선정의 세계를 체험할 수 있게 되는 것입니다.

나는 가끔씩 흉을 봅니다.

부지런히만 하면 된다

"사람들이 똑똑하다고 날뛰어도 똥개보다도 못한 경우가 많다."

살아생전에 사람들에게 괄세를 받던, 존재도 이름도 없이 그저 똥개라고 불리던 그 개는, 죽을 때가 되면 자기의 추한 모습을 절대 주인에게 보이지 않았습니다. 그 개는 때가 되면 어디든지 가버립니다. 아무리 밧줄로 묶어 놓아도, 어떤 방법을 써서라도 줄을 끊거나 못을 뽑아버리고 혼자 멀리 가버립니다. 마지막에 죽으면서 고통 받는 모습을 인간에게 보여주지 않습니다. 이것이 소위 똥개라고 괄세 받던 그들의 마지막 모습입니다.

그런데 우리 인간은 어떠합니까? 무엇이 그리 잘났다고 아들딸을 윽박지르고 내리누르고, 걸핏하면 병원 신세를 지며 옆에 사람에게 수발을 들게 하면서 온갖 추태를 다 보입니다.

한평생 '나' 라고 큰소리쳤는데, 갈 때까지 그렇게 가지는 말아야 합니다. 비록 앉아서 합장한 채 가지는 못하더라도, 자리에 조용히 누워서 깨끗하게 가야 합니다. 마지막까지 정신을 또렷하게 차려서 자식들에게 '무엇 무엇 준비하고, 어떻게 어떻게 해라' 하는 그런 모습을 보여줘야 하지 않겠습니까?

그렇게 하려고 하면 죽으나 사나 '관세음보살'이든 '지장보살'이든 '나모라다나다라' 든 부지런히 몰아쳐서 우선 3년을 계속 하셔야 합니다.

다시 한 번 말씀드리지만, 나다 · 남이다 하는 '이 몸과 마음이 모두 헛것' 이라는 것을 체험은 못하더라도, 우선 이해는 되어야 합니다. 인연의 힘으로 어떤 물질체들이 모인 것이 이 '몸' 이요, 이 물질체가 모인 속에 실제로는 아무 것도 없지만 어떤 실체가 있는 듯한 이것에 거짓으로 임시 이름을 붙여서 '마음' 이라고 한다는 것은 이해할 수 있어야 합니다.

중국 선종의 제2조인 혜가(慧可)대사가 달마대사를 찾아간 이야기는 여러분들도 잘 알고 있습니다. 혜가대사가 '마음이 불안하다' 고 하자, 달마대사께서 '마음을 가지고 오라' 고 했지 않습니까?

혜가대사는 마음을 찾기 위해 눈 속에서 칼로 자기의 팔을 끊은 분입니다. 그러나 팔을 끊었지만 마음은그 어디에서도 찾을 수 없었습니다. 마음은 피부에도 붙어 있지 않고 살 속에도 붙어 있지 않고 핏줄에도 붙어 있지 않았습니다. 근육에도 마음이 없고 뼛속에도 마음이 없었습니다.

결국은 그 어디에서도 찾을 수 없는 마음….

그런데도 우리는 무엇인가가 있는 것처럼, '나' · '나' 하면서 내 마음을 자꾸 자꾸 찾고 있습니다. 하지만 어떻습니까? 실제 우리 마음이라는 것은 찾을 수 없는 것입니다.

우리 몸 전체를 모두 분석하고 분석해 봐도 마찬가지입니다. 그 어디에도 '이것이 우리 마음이다' 하고 드러낼 수 있는 것은 없습니다. 이것을 철저하게 알아야 되는데, 우리는 무언가가 꼭 하나 있는 것처럼 착각을 하고 있는 것입니다.

또한 '부처님 · 깨달은 사람 · 미한 중생' 을 비롯하여,

주변의 환경이며 세상의 모든 것들이 불교에서 이야기 하는 공(空)이라는 것을 알아야 합니다. 이 모든 것이 아지랑이처럼 있는 듯이 보여도 실체가 없는 것이며, 헛된 것이라는 것을 우리는 정확하게 이해해야 합니다.

이것이 바르게 이해되고 이것이 바르게 느껴지고 체험이 되는 것이 바른 방편이요, 바른 방편을 의지해서 생각을 가다듬어 가는 것이 바른 생각입니다.

만약 우리에게 바른 방편과 바른 생각이 없으면 부처님의 법문을 들어도 이해가 되지 않아, 오히려 번뇌망상만 더하게 됩니다. 불교에서 말하는 불성(佛性)이나 반야(般若)나 원각(圓覺)이나 진리라고 하는 깨달음의 세계에 들어가기 위해서는, 눈 앞에 펼쳐져 있는 이 세계가 헛된 것이라고 하는 것을 정확하게 알아야 하며, 정확한 이해를 주춧돌로 해서 실천해나가야 합니다.

부처님의 참된 진리요 불성이요 원각이라고 하는 그 마음을 진실로 알고자 하면 생각을 바르게 가져야 합니다. 생각을 바르게 가진다는 것은 결국 번뇌가 없는 무념(無念)이어야 되고, 어디에 얽혀 있지 않아야 되고, 집착해서는 안 된다는 것을 이릅니다.

모양도 없고 소리도 없고 빛깔도 없고 냄새도 없으며, 잡을 수도 없고 떨칠 수도 없는 그것! 떨칠 수나 있으면 좋겠는데 떨칠 수도 없기 때문에, 내가 뿌린 씨앗이 열매가 되어 나한테 떨어지는 것을 어떻게 할 수가 없는 것입니다. 떨칠 수가 없기 때문에 내가 뿌린 씨앗을 내가 열매로 거두어들일 수밖에 없습니다.

그러므로 '그것!' 을 체험하기 위해 답답한 우리로서는 목탁을 치고 앉았거나 '이 뭣고?' 라도 붙들고 앉았거나, 아니면 관세음보살·지장보살이라도 붙들고 앉아 있어야 합니다.

그러니까 초기에는 염불을 붙들든 화두를 붙들든 부지런히 몰아붙이다가, 어느 차원까지 완전히 체험해서 넘어가고 나면, 그때는 염불도 화두도 놓아버려야 합니다. 그때가 되면 화두를 붙들고 있는 것도 망상이요 염불을 붙들고 있는 것도 망상입니다. 그것조차도 놓아버릴 때 나타나는 세계가 바른 생각, 곧 정념(正念)의 세계이고 무념(無念)의 세계인 것입니다.

대우주의 기운을 선하고 선한 쪽으로

내 몸부터 분석해 보라

부처님의 진리를 알려고 하면 바른 생각, 곧 정념과 무념으로 우리 눈앞에 벌어진 세계를 멀리 떨쳐 버려야 합니다. 이때 필요한 것이 부처님께서 말씀하신 선정(禪定)입니다. '정(定)' 이라고 하는 것은 마음이 완전히 한 곳에 집중이 되어 흔들리지 않는 것을 말합니다. 그럼 어떻게 하여야 정을 이룰 수 있는가?

우선은 내 마음의 움직임을 멈추고자 하는 결심을 하여 스스로를 단속한 다음, 부처님의 계율을 지키며 마음을 편안하게 하면서 나를 관찰해 보아야 합니다.

'나다 · 나다' 하는 내 몸뚱이를 잘 관찰해보십시오. 머리털 · 손톱 · 발톱 · 치아 · 피부 · 살결 · 근육 · 뼈 등은 죽은 다음 썩어서 흙이 되어 버립니다. 몸속의 피·고름·대소변·가래침 등은 모두 물이 되어 버립니다. 36.5°라는 따뜻한 체온은 불의 성분으로 돌아가고, 호흡하고 말하고 움직이던 것은 바람의 기운으로 돌아가 버립니다.

이렇게 내 몸을 하나하나 분석하고 분해하면 '나다·나다'라고 하는 것이 어디에 존재하고 있겠습니까?

우리가 지금 살고 있는 집을 기와는 기와대로 벗겨 보내 버리고, 대들보는 대들보대로 보내버리고, 석가래는 석가래대로 기둥은 기둥대로 문틀은 문틀대로 각각 분해해버리고 나면, '내집·내집' 하던 그 집이 어디에 존재하겠습니까?

그와 마찬가지로 이 몸뚱이를 생각으로 완전히 분해시켜버리고 나면, '나다·나다' 하면서 큰소리를 치던 때와는 달리 무엇을 가지고 '나'라고 할 것입니까?

물질들이 모여 이루어진 나의 몸! 이 몸뚱이가 지금은 있는 것 같아도 실제는 없는 것과 마찬가지입니다. 앞에서 말씀드렸듯이, 공부를 하다가 어떤 차원에 이르면 이 몸뚱이가 완전한 무의 세계임을 체험할 수 있습니다.

내 경우는 해인사로 처음 출가를 하여 '옴마니반메훔' 육자주(六字呪) 기도를 할 때에, 물질로 이루어진 산하대지의 모든 물질세계가 다 없어지고 모든 것이 그대로 통해진 대우주세계를 체험했습니다. 그 후에 관음기도를 하고 지장기도를 하는 속에서도 물질세계가 공해버리는, 아무 것도 없는 세계를 여러 차례 체험을 했습니다. (자세한 내용은 스님의 저서 『불교의 수행법과 나의 체험』 참조)

하지만 이런 체험은 수행하는 도중에 일어나는 경계이지 완성된 경지는 아닙니다. 그때 몸뚱이가 있었는지 없었는지는 모르겠지만, 그 경계를 쳐다보고 있는 '나'는 있었습니다.

'나'가 있다는 것은 아직까지는 미세하게나마 주관과 객관이 갈라진 세계이고, 주체인 능(能)과 객체인 소(所)가 갈라진 세계에 머물고 있다는 것을 의미합니다. 그리고 주객이 한 덩어리가 된 세계가 아니기 때문에 공부가 다 된 차원, 끝까지 간 차원이 아니라고 보는 것입니다.

화두를 들든 주력을 하든 염불을 하든, 결국은 쳐다보고 있는 '나'와 보이는 세계가 한 덩어리가 되고 이 대우주세계가 온통 하나가 되어버리면 공부는 끝나는 것입니다.

그 공부의 수단과 방편은 무엇이라도 좋습니다. 염불이라도 좋고 화두라도 좋고 주문이라도 좋습니다. 한 덩어리가 되고 나면 대우주 전체가 전부 내가 되어 버립니다. 대우주 덩어리가 전부 내 몸뚱이가 되어버리고 나와 하나가 되어버립니다.

따라서 대우주가 바로 나요 내가 바로 대우주이기 때문에 대우주의 기운이 내 몸속으로 다 들어올 수 있습니다. 대우주가 전부 '나' 이므로 대우주의 기운이 바로 내 기운이 되어버리는 것입니다. 걸음을 걷든지 기운을 쓰든지 대우주가 전부 내 마음대로 되어버립니다.

이것은 공부가 끝나지 않은 상태에서도 체험이 가능합니다. 그러므로 공부가 완전히 끝난 세계는 말로 다 표현할 수가 없는 세계입니다.

조선 중기 진묵스님의 시에 '하늘로 옷을 삼고 땅으로 자리를 삼고 산으로 베개를 삼아, 달을 촛불 삼고 구름을 병풍 삼고 바닷물로 술을 만들어 잔뜩 마시고 일어나 춤을 추고 싶은데, 내 소매자락이 곤륜산에 걸릴까봐 춤을 못 추겠다' 는, 이렇게 큰 세계가 바로 우리의 근본자리 세계요 각(覺)의 세계입니다. 우리의 본체가 바로 원각이고, 대우주덩어리 전체가 바로 '나' 라는 이야기입니다.

모든 것은 다 살아 있다

세세생생 우리는 너무나 오랫동안 이 몸과 마음에 집착을 하였고, 이 몸과 마음을 참된 나로 삼아 살아왔습니다. 그 결과 이 오랜 습관에 길들여져서, '이것은 내가 아니다', '이것은 옷처럼 홀렁 벗어버릴 수 있는 것이다' 라는 생각을 하지 못합니다. 그래서 습관 그대로 붙들고 늘어지는 것입니다.

그러나 마음을 가라앉히고 집중해서 분석해보면 '나' 라고 하는 것도 실제로는 없는 것이며, 몸뚱이를 조각조각 내어 봐도 '내 마음' 이라고 드러낼 수 있는 거리가 없다는 것입니다. 있는 듯하지만 실제로는 없는 이것을 우리가 마음이라고 하고 있으니, 인연으로 모였던 물질이 흩어지고 나면 우리가 '마음' 이라고 하던 이것도 찾을 수가 없고 붙들어 맬 수가 없게 됩니다.

나의 몸뚱이를 분해시키고 나면 도대체 남는 것이 무엇입니까? 이때 무엇을 가지고 '나' 라고 할 것이며, 무엇을 가지고 '내 마음' 이라고 큰 소리를 칠 수 있겠습니까? 이렇게 '나의 몸과 마음' 에 대해 정확하게 이해하고 이론적으로라도 정리가 되어야 합니다.

내가 늘 말씀드리지 않습니까?

"『화엄경』을 이해하려면 모래알들이 살아 펄펄펄펄 움직이면서 광명을 내는 것이 이해가 되어야 한다."

실제로 우리가 부지런히 공부하다 보면 모래알이 살아서 광명을 내는 그런 세계를 볼 수 있습니다. 모래알은 절대로 죽지 않고 살아 있습니다. 먼지 한 톨도 살아서 펄펄펄 움직입니다. 모래알이 살아 있고 자갈이 살아 있기 때문에 우리가 집을 지을 수 있습니다. 죽은 모래, 죽은 자갈로는 집이 안 됩니다. 모래가 살아 있고 자갈이 살아 있기 때문에 집이 됩니다.

그렇듯이, 이 세상에 죽은 것은 아무 것도 없습니다. 기독교에서는 '죽은 것은 섬기지 말고 살아 있는 것만 섬기라'고 하는 모양인데, 대우주세계의 진리라는 것을 체험해보면 이 세상에 죽은 것은 아무 것도 없습니다. 모두가 다 살아 있습니다.

나의 책임을 못하는 인간이 죽은 것이지, 자기 책임을 하는 모든 것은 다 살아 있습니다. 흙도 모래도 자갈도 산도 물도 바위도 나무도 모두 살아 있을 뿐, 죽은 것은 아무 것도 없습니다.

더 이상은 피상적인 세계에 빠져 살지 마십시오. 마음을 집중하여 번뇌망상을 다 떨쳐버리면, 온통 살아 있는 세계가 체험이 됩니다. 내 마음·내 마음 하는 이 마음이 실제 존재하지 않는다는 것을 이해하고 체험하고 나면 그동안 때 묻었던 자리들까지도 모두 없어져 버립니다.

우리가 마음공부를 해나가면서 번뇌망상이 떨쳐져 나가 버리면, 잘못된 것들이 모두 분해되어 떨어져 나가면서 몸의 구성요소 하나하나가 깨끗한 원소로 다시 모이고 다시 이루어져 재구성이 됩니다. 곧 내가 깨끗해지는 것입니다.

이렇게 내가 깨끗해지면 내 가족들도 따라서 깨끗해지고, 우리 집안이 깨끗해지고 우리의 환경이 깨끗해지면 마침내는 이 세계 전부가 부처님이 말씀하신 극락이 되게 됩니다.

거짓이 다 떨어져나가면 어떻게 됩니까? 거짓이 아닌 것, 진실한 것만 남게 됩니다. 비유하자면 거울에 묻어 있고 쌓여 있는 때와 먼지를 닦아내면 본래의 맑고 밝은 거울이 나타나는 것과 같습니다.

우리의 마음에 번뇌망상이 모두 떨어져 나가버리면 깨끗한 것만이 남게 됩니다. '몸이다 · 마음이다' 하는 거짓 모습이 끊어져버리고 나면, 마지막에는 깨끗한 세계가 될 수밖에 없습니다.

어려운 부분이 좀 있더라도 생각을 잘 가다듬어 추리를 해보십시오. 이해가 될 것입니다. 결국은 '나다 · 나다' 라고 할 것이 아무 것도 없는 이것이 바로 '나' 입니다. 이것이 마음이고 이것이 부처입니다. 불에 타지도 않고 용광로 속에서 녹지도 않고 물에 녹거나 가라앉지도 않는, 참 나요 참부처인 것입니다.

이 참나는 대우주와 연결이 되어 이루어졌기 때문에 나의 이 몸뚱이 속에는 대우주의 기운이 전부 들어 있으며,

대우주의 기운이 모두 들어옵니다. 또 이 대우주의 기운을 우리가 그대로 쓸 수 있습니다.

우리는 어리석게도 아무 생각 없이 이 대우주의 기운을 똘똘 모아서, 혓바닥 따라 행동 따라 모두 쏟아 부으며 살고 있습니다. 그러므로 항상 말조심을 하고 행동 조심을 해야 합니다.

내 입에서 나온 말은 단순한 말이 아닙니다. 말이 건너가는 것 같지만 기운이 건너갑니다. 독한 기운이 건너갈 때는 자식에게 남편에게 독한 기운이 확 퍼져 나갑니다. 반대로 이 기운을 착하게 쓸 때에는 한없는 착한 기운이 남편에게 자식에게 건너가기 때문에, 사고를 당할 상황에서도 기도하는 아내의 힘으로 남편이 사고를 면하게 되는 것입니다.

대우주 전체는 내 마음에 따라 때로는 선으로 때로는 악으로, 때로는 독하게 때로는 착하게 움직입니다. 그러므로 우리 불자들은 늘 '마음 단속 잘하라' 는 부처님 말씀과 뜻을 항상 마음에 새겨야 합니다.

염불 · 주력 · 화두 · 참회 · 봉사 · 사경 · 독경 중 그 어떤 공부라도 좋습니다. 하나를 택하여 정진하십시오. 그리하여 언제나 마음속에서 끊어지지 않도록 꾸준히 익혀 나아가면, 틀림없이 대우주세계와 하나가 되는 참사람이 될 수 있습니다.

부디 대우주세계와 하나가 되는 씨앗을 잘 심으시기를
축원 드립니다.

V
마음 열기와 마음 단속

더 넓고 큰 마음으로

자비의 눈물이 있는 불자

불자는 깊은 정이 있고 자비의 눈물이 있어야 합니다. 원리원칙대로만 사는 존재가 아니라, 모든 이를 향한 자비의 눈물이 있어야 하고 참된 인정이 있어야 하고 피가 통하여야 합니다.

조선시대 후기의 다성(茶聖)이요 선과 교를 두루 통달하여 대고승으로 추앙받고 있는 초의(草衣, 1786~1866)선사는 58세 때인 1843년에 「귀고향 歸故鄕」이라는 시를 지었습니다. 이 시 속에는 초의선사의 눈물과 깊은 정이 듬뿍 담겨져 있습니다.

고향 멀리 떠나온 지 사십 년만에

희어진 머리 깨닫지 못하고 돌아왔다네
새 터에는 풀이 덮혀 집은 간 데 없고
이끼 낀 옛무덤에 발자국마다 수심일세
마음마저 죽으면 한이 어디서 일어날까만
피가 말라 눈물조차 흐르지를 않는구나
외로운 중은 다시 구름따라 떠나노니
아서라 수구(首邱)한다는 말조차 부끄럽다

遠別鄕關四十秋	원별향관사십추
歸來不覺雪盈頭	귀래불각설찰두
新基草沒家安在	신기초몰가안재
古墓苔荒履跡愁	고묘태황리적수
心死恨從何處起	심사한종하처기
血乾淚亦不能流	혈건루역불능류
孤擔更欲隨雲去	고공갱욕수운거
已矣人生愧首邱	이의인생괴수구

마지막 구절의 '수구(首邱)'는 여우가 죽을 때 머리를
제가 살던 쪽으로 향하게 한다는 말로, 고향을 그리워함을
뜻합니다.

고향이 무안인 초의선사는 장씨(張氏) 집안의 장손으로
태어나 혈기 왕성하고 머리가 칠흑같던 16세의 나이에 출

가하였습니다. 그리고 도를 벗하여 살다가 42년만에 고향을 찾았을 때는 머리에 흰 눈이 내려 있었습니다. 더욱이 옛 집은 무너져 쑥대밭이 되었으며, 관리하는 사람이 없는 조상들의 무덤은 이끼만이 가득하였습니다.

집안의 장손이었던 초의선사는 너무나 큰 충격을 받아 걸음조차 제대로 옮길 수가 없었고, 가슴에 맺히는 한 때문에 피가 돌지 않아 눈물마저 말라 흐르지 않았던 것입니다. 어찌 해보지도 못하고 지팡이에 의지하여 발길을 돌리는 초의선사…. 자신은 제가 살던 산쪽으로 머리를 두고 죽는 여우보다 못한 존재라고 탓합니다.

참으로 구절구절 눈물이 있고 인정이 넘치는 시입니다.

이처럼 공부를 많이 한 옛스님들은 인간적이요 눈물이 있고 피가 통하였습니다. 정녕 참된 인정과 자비의 눈물과 따뜻한 피를 지닌 부처님과 스님네를 믿는 종교가 불교요, 이러한 불교를 믿고 따르는 이가 불자이건만, 요즈음 우리 불교계에서는 묘한 현상이 나타나고 있습니다. 그것은 출가를 하여 사회적으로 활동을 하고 있는 스님들까지 '장애가 된다'는 명분 아래 자신의 가족을 유별나게 멀리한다는 것입니다.

불교에서 출가한 스님더러 '가족을 멀리하라'고 한 데는 특별한 까닭이 있습니다. 그것은 평등한 마음을 유지하기 위해서입니다. 인연이 옅은 남보다 인연이 깊은 '나'의 가족에 대해서는 정이 더 끌리기 마련이요, 정이 더 끌리면 평등을 깨뜨리기 때문입니다. 곧 '나'의 부모나 형제, 친척 등을 남과 다를 바 없는 평등한 마음으로 대할 수 있을 때까지 인정이 더 끌리는 '나'의 가족을 멀리하라고 한 것입니다.

따라서 출가를 하여 어느 정도 도가 익을 때까지는 가족을 멀리할 필요가 있습니다. 그러나 어느 정도 도가 익었으면 평등한 마음으로 가족들을 돌아볼 줄 알아야 합니다. 그런데도 스님들 중에, 유별나게 자신의 가족은 멀리하면서 남의 일은 하나부터 열까지 다 돌보아 주는 분들이 계십니다.

신도가 아파 병원에 입원했다고 하면 문병을 가고, 죽었다고 하면 초상까지 치러주면서, 자신의 가족에 대해서는 일부러 문병도 하지 않고 초상에도 가지 않는 것이 승려의 본분인 양 착각을 하는 분들이 더러 있습니다. 그러한 스님들께 나는 늘 이야기를 합니다.

"더 사태가 악화되기 전에 잘 하여라. 아무런 인연이 없는 분들도 불제자요 신도라는 이름 아래 문병도 가고 초상에도 참여하지 않느냐? 내 가족이라고 하여 다른 사람들보다 더 가까이 할 것은 아니지만, 문병을 가거나 초상에 참여하는 것은 불법에 어긋나지 않는다. 남들에게는 일부러 찾아가는 성의까지 보이면서, 왜 '나'의 가족은 억지로 멀리하려 하느냐? 좋든 나쁘든 '나'와 진한 인연이 얽힌 존재가 가족인 것을…".

실로 처음 출가하여 가족에 대한 사무친 정을 끊지 못한 경우이거나, 치열하게 도를 닦으며 용맹정진을 하는 때가 아닌 다음에는 가족들에게 일부러 냉정해질 필요는 없습니다. 오히려 가족을 다른 사람과 같이 평등하게 대하고자 노력해야 합니다.

특히 공부를 많이 한 스님이라면 부처님이나 옛 고승들처럼 깊은 자비심을 보여야 합니다. 포교를 하거나 절을 경영할 정도가 된 스님이라면 자비의 눈물이 있어야 하고 피가 통하여야 합니다. 부처요 인간이기 때문에 피가 도는 것인데, 부처요 인간이기 때문에 인정이 있고 눈물이 있는 것인데, 진리에 대한 집착, 도에 대한 집착 때문에 우리네 스님들이 피도 눈물도 없는 무정 쪽으로 기울어지는 것이야말로 이 땅의 불교가 안고 있는 당면한 문제가 아닌가 생각해봅니다.

차라리 무정의 진리를 좇아 무정하게 살 것이면 '나'의 가족과 남에게 모두 무정하여야 할 것이거늘, 어찌 스스로의 분별과 집착에 빠져 반쪽 평등, 반쪽 자비, 반쪽 인정을 베풀 것입니까?

객을 따뜻하게 맞이하라

내친김에 재가불자들에 대해서도 한 마디 하겠습니다. 나는 내가 있는 학성선원이나 함월사 신도들에게 자주 이야기 합니다.

"똑똑은 한데 인정은 없다."

불교에 대해서 많이 알고 있기 때문에 똑똑하기는 하지만, 절에 처음 오는 사람들을 따뜻하게 맞아들이지 않는 경우가 많습니다. 어떤 이들은 "너무 쌀쌀맞고 냉담하여 발을 붙일 수 없다"고들 합니다.

이것이 무엇을 뜻합니까? 절에 다니는 우리의 마음가짐이 잘못되어 있음을 나타내 주는 증거입니다. 바른 마음가짐을 지닌 불자라면, 처음 온 분이건 오래된 분이건 똑같이 따뜻하게 맞이하고 인사를 할 수 있어야 합니다.

특히 그 사찰과 인연을 맺기 위해 오기는 왔지만, 아직 익숙하지 못한 분들께는 말 한 마디라도 따뜻하게 하고, 어떻게 할지를 몰라 쩔쩔 매는 것이 있으면 도와드리고 거들어 드려야 합니다. 마음을 편안하게 해드려야 하는 것입니다. 그런데 본체만체 또는 못 본체 하고 '나 혼자만' 하는 식으로 대한다면 어찌 불교를 믿는 이라 하겠습니까?

한 걸음 더 나아가, 법당에 관리인을 두어 참배객에게 각종 규제와 눈총을 준 다음, 연등접수나 불사에 참여할 것을 강요까지 하니 어찌 그들에게 절 집안에 대한 좋은 인상을 심어줄 수 있겠습니까? 친절과 자비심으로 그들을 맞아들인다면 자연스럽고 기쁜 마음으로 신도도 되고 불사에도 동참을 할 것인데….

불과 몇 십 년 전만 하여도 불교 집안에는 인정이 넘치고 찬바람이 불지 않았습니다. 그런데 지금의 불교 집안에는 찬바람이 많이 불고 있습니다. 큰 절을 찾아가면 그 바람은 더욱 거셉니다. 인간의 따스함 보다는 수도자의 냉정함과 절도만이 가득한 듯합니다.

결코 우리 불자는 피도 눈물도 없는 무정한 존재, 무정물처럼 살아서는 안 됩니다. 깊은 인정이 있고 자비의 눈물이 있고 피가 통하여야만 일체중생과 함께 부처의 길로 나아갈 수 있는 것이며 이렇게 사는 것이 유정(有情)의 불자들이 나아가야 할 수행의 길인 것입니다.

많은 불자들이 절에도 열심히 다니고 기도도 열심히 하고 있습니다. 열심히 하면 열심히 할수록 넓어지고 커져야 하는데, 묘하게도 '나'의 살림살이를 자꾸만 좁게 만들고 좁은 쪽으로 몰고 가서, 융통성 없고 자비심 없는 인간이 되어버리는 것을 왕왕 보게 됩니다. 이렇게 되면 깨달음은 그만두고라도 기도 성취가 되겠습니까?

불자의 목표는 천상천하 유아독존(天上天下 唯我獨尊)이 되는 것입니다. 천상천하 유아독존!

천상천하 유아독존이라는 말 속에 가장 높고 가장 넓다는 뜻이 내포되어 있습니다. 또 천상천하 유아독존의 마음은 일심(一心)입니다. 모든 것을 하나로 품고 있는 마음입니다. '일체유심조(一切唯心造)'라는 말 그대로 대우주 전체가 내 마음에서 나온 것이요, 모든 것이 내 마음으로부터 나오는 것입니다.

그런데도 우리는 이 몸과 이기적인 마음을 '나'로 삼아, '나'와 내 가족만을 신경 쓰면 된다는 식으로 살아갑니다. 과연 이렇게 사는 것이 잘 사는 삶일까요?

이제 보다 넓게 사십시오. 보다 높게 사십시오. 조선 중기, 석가모니불의 화신으로 일컬어졌던 진묵대사(震默大師)는 다음과 같은 시를 남겼습니다.

하늘을 이불삼고 땅을 자리삼고 산을 베개삼고
달을 촛불삼고 구름을 병풍삼으니 바다는 술통일세

크게 취하여 홀연히 일어나 춤을 추고자 하나

도리어 긴 소매가 곤륜산에 걸릴까 두렵도다

> 天衾地席山爲枕　천금지석산위침
>
> 月燭雲屛海作樽　월촉운병해작준
>
> 大醉居然仍起舞　대취거연잉기무
>
> 却嫌長袖掛崑崙　각혐장수괘곤륜

　이 시야말로 우리의 진면목을 단적으로 일러주고 있습니다. 이렇게 큰 것이 바로 '나'입니다. 진짜 '나'입니다. 대우주가 '나'입니다. 대허공계가 '나'입니다. 진리가 바로 '참 나'입니다.

　이제 이 몸뚱이와 내 의식세계만을 '나'로 삼는 삶에서 벗어나십시오. '내 가족만'이라는 삶에서 벗어나십시오. '나'만의 좁은 삶에서 벗어나 인연 있는 사람들을 깨우치고 돕고 평화롭게 만들면서 살아야 합니다. 크고 넓고 높고 깊게 살아가는 것이 불자의 삶이요 마음가짐이라는 것을 잊지 마시고, 부디 대자비심을 품고 살아가시기를 당부드립니다.

불교의 핵심은 마음 단속

나를 되돌아 보는 마음 단속

이제는 마음 단속에 대해 이야기 하겠습니다.

불교를 믿고 공부함에 있어 처음부터 끝까지 강조하는 것은 마음 단속입니다. 이 몸을 위하고 생활을 윤택하게 하라는 등의 이야기는 뒷전으로 가버리고, 마음 단속만을 끊임없이 강조하고 있습니다. 왜냐하면 이 마음이 주인이요, 마음 단속을 잘 하여야 참된 해탈과 행복을 누릴 수 있기 때문입니다.

그런데 어떻습니까? 이 마음에 모양이 있습니까? 아닙니다. 보이지도 않고 만질 수도 없습니다. 그럼 우리의 몸과 생활의 현장은 어떻습니까? 볼 수도 있고 만질 수도 있고 느낄 수도 있습니다.

자연 우리는 보고 느낄 수 있는 몸과 생활환경 등에 관심을 쏟고 집착하게 되며, 밖을 향하여 허둥대고 있는 나의 생각과 집착을 '마음'으로 착각하면서 살아갑니다. 그리고 정작 '나'의 주인공이요 근본이 되는 마음을 등한시한 채 진짜 마음을 돌아보려 하지 않습니다.

마음 단속은 마음을 돌아보며 사는 것이요, 마음을 돌아보며 살면 허물에 빠지지 않습니다. 흔들리지 않습니다. 모든 것을 있는 그대로 볼 수 있습니다. 그래서 불교에서는 마음 단속을 강조하며, 마음 단속의 방법으로 염불·주력·참선·경전공부·보시행 등을 하라고 일러줍니다.

곧 염불·주력·참선·경전공부·보시행을 꾸준히 하다보면 저절로 마음 단속이 되어 그릇된 허물을 짓지 않게 되고 마음이 안정되며 지혜롭게 살 수 있게 되는 것입니다. 나아가 알쏭달쏭하였던 경전 속의 내용이나 엉뚱한 것 같았던 선사들의 선문답(禪問答)이 이해가 되고, 그 답들이 저절로 나오게 됩니다.

그러나 우리가 바깥쪽으로 흘러가며 살고, 불교경전을 읽으면서도 밖을 향하고, 법문을 들으면서도 듣는 것으로만 그치면 도저히 힘이 생겨나지 않습니다. 경전도 이해가 되지 않고, 삶도 바르게 서지 않으며 행복의 문이 열리지도 않습니다.

따라서 부처님의 정법을 배우고 익히고 실천하는 우리는 마음 단속부터 해야 합니다. 스스로를 자꾸 돌이켜서 반조(返照)하는 것이 불교인의 근본 자세가 되어야 합니다. 염불을 하든 화두를 잡든 경전을 읽든, 언제나 '나' 자신을 되돌아보고 쳐다보아야 합니다. '나'의 마음을 되돌아보고, '나'의 실천을 쳐다보고 '나'의 몸가짐을 바라보아야 합니다. 저 먼 쪽을 바라보거나 바깥의 흐름을 좇아가지 말고, '나'를 단속하고 내 마음을 단속해야 합니다.

이렇게 염불·주력·참선·경전공부 등을 하면서 부지런히 마음 단속을 하면 반드시 우리에게로 영험(靈驗)이 오게 되어 있습니다. 영험이 무엇입니까? 뜻하는 바 소원성취요, 평화와 자유와 행복입니다.

하지만 이 영험은 그냥 주어지는 것이 아닙니다. 영험은 정성이 만드는 것입니다. '정성 성(誠)' 자가 영험을 만드는 것이지 부처님이 주시거나 하느님이 주시는 것이 아닙니다. 반대로 하느님이 벌을 주거나 부처님이 벌을 주는 것이 아닙니다. 결국 우리의 마음이 영험과 행복을 만들고, 우리의 마음이 벌과 불행을 만드는 것입니다.

영험과 벌, 행복과 불행. 이것은 무엇에 의해 좌우가 됩니까? 마음을 어떻게 단속하느냐에 따라 좌우가 됩니다. 마음 단속 잘 하면 영험이 생기고 행복이 깃들며 마음 단속 잘못하면 벌을 받고 불행의 늪에 빠져드는 것입니다.

그래서 선종에서는 부처님께도 기대지 말라고 가르칩니다. 또 열반 직전의 부처님께서는 유언처럼 말씀하셨습니다.

"스스로를 등불로 삼고 스스로를 의지처로 삼아라. 다른 사람에게 의지해서는 안 된다. 법(法, 진리)을 등불로 삼고 법을 의지처로 삼아라. 다른 것에 의지해서는 안 된다."

스스로를 등불로 만들고 스스로를 의지처로 만드는 방법이 무엇입니까? 스스로를 반조하여 법에 맞는 '나'를 만들면 됩니다. '나' 자신의 마음을 단속하고 또 단속하면 됩니다. 이렇게만 하면 차츰 영험이 생겨나고 평화와 행복이 깃들게 되는 것입니다.

나와 공부를 한 덩어리로

그런데 마음을 안으로 모으지 않고 불교를 믿으면 어떻게 됩니까? 자칫 잘못하면 허황되고 이상하고 덧없는 쪽으로 나아가게 됩니다. 신통이나 도술, 미래의 길흉을 점치는 쪽으로 나아가고, 귀신과 함께하는 쪽으로 나아갑니다.

이것이 불교입니까? 아닙니다. 절대로 아닙니다.

그리고 요행을 바라고 불교를 믿거나, 몰랐던 것이 저절로 알아지고 신통이나 도술을 부릴 수 있다는 기대심리로 불교를 공부하면 장애가 자꾸 붙을 수밖에 없습니다. 그러므로 우리 불자들은 염불을 하든 참선을 하든 경전공부를 하든 스스로를 돌아보고 스스로의 마음을 깨닫는 쪽으로 몰아가야 합니다. 나와 공부를 한 덩어리로 만들어야 합니다.

'관세음보살' 염불을 예로 들겠습니다.

관세음보살을 부르는 이가, "내가 관세음보살을 부르면 다른 곳에 계신 관세음보살님이 나에게로 오셔서, 나를 도와주고 기적을 이루시고 나의 문제를 해결해 주신다"고 생각해서는 안 됩니다.

이렇게 관세음보살을 대상이나 우상으로 만들면 벌써 나와 관세음보살은 완전히 쪼개어진 상태에 놓이게 됩니다. 그렇게 되면 기도는 될지언정 수행은 되지 않습니다.

일시적인 작은 성취는 이룰지언정 참된 깨달음이나 행복은 얻지 못합니다. 왜? 한 덩어리가 되지 못하기 때문입니다. 오직 '관세음보살' 염불에 집중하여 관세음보살과 한 덩어리를 이루게 되면, 그 속에 영험과 행복이 다 간직되어 있는 것입니다.

116

화두를 잡든 염불을 하든 경전을 읽든, 오로지 한 덩어리가 되면 됩니다. 바깥쪽으로 흘러가지 않고 한 덩어리가 되고자 노력하는 것! 그것이 마음 단속이요 불교공부요 수행입니다.

생활에서도 마찬가지입니다. 글을 쓸 때는 글 쓰는 것과 한 덩어리가 되고, 말을 할 때는 말하는 것과 한 덩어리가 되면 됩니다. 남을 사랑할 때는 남과 한 덩어리가 되고, 밥을 먹을 때는 밥 먹는 자체에, 빨래를 할 때는 빨래하는 것과 한 덩어리가 되면 됩니다.

밖으로 밖으로 뿔뿔이 흩어지는 내 마음을 단속하여 지금 이 자리에서 '나'의 일과 한 덩어리가 되어 사는 것! 그것이 깨달은 이의 삶이요 도인의 삶입니다.

물론 숱한 번뇌 속에 휩싸여 사는 중생이 한 덩어리가 되어 살기란 용이하지 않을 것입니다. 출가수행자가 아니라 세속에 사는 속인들은 더욱 그러할 것입니다. 하지만 나의 마음을 다스리는 일이니만큼 하면 됩니다. 꾸준히 마음 단속을 하면 재가인도 얼마든지 도인이 될 수 있으며, 실제로 이 세속에는 도를 깨달은 숨은 도인들이나 참으로 고귀하게 사는 이들이 처처에 있습니다.

한 예로, 경남 거창군 위천면에 살고 계신 제운거사님은 세속에서 처자식을 데리고 살면서도 열심히 정진하여, 종정을 지낸 교계의 큰스님까지도 선문답하기를 회피할 정도의 경지에 이르렀고, 타심통(他心通)까지 성취하였습니다.

또 염불정진을 하여 큰 힘을 성취한 보살님들도 많이 있고, 세속 일을 하면서 열심히 책임을 다하며 참으로 복되고 평화롭게 사는 이들도 많습니다.

부디 명심하십시오. 불교 공부의 성취 비결은 특별한 것이 아닙니다. 마음 단속에 있습니다. 밖으로 뿔뿔이 흩어지는 마음을 거두어 스스로를 되비추어보고, 한 덩어리가 되어 나아가는 것입니다.

'화두' 면 화두가, '관세음보살' 이면 관세음보살이, '금강경' 이면 금강경과 한 덩어리가 되고 한 몸이 되어 보십시오. 마음자리를 생각하지 않더라도 근본 마음자리를 회복하지 않을 수 없게 되고, 행복에 관심이 없더라도 행복해지지 않을 수 없습니다.

비록 잘 안 될지라도 마음 단속을 하며 한 가지 공부를 꾸준히 해 나가십시오. 염불·참선 등 그 한 가지 공부 방법으로 되든 안 되든 똘똘 뭉쳐서 하나가 되게끔 자꾸자꾸 굴려 가십시오. 반드시 하는 만큼 결과가 나타나고 영광과 행복이 도래할 것입니다.

VI
흔들리는 마음 넘어서기

마음 흔들리는 이것이 윤회다

우리 불자들은 몸과 입과 마음의 단속을 잘 해야 합니다. 특히 마음 단속을 잘 해야 합니다. 언제나 마음이 흔들리지 않도록 단속을 잘 해야 합니다. 마음이 흔들린다는 것은 마음이 움직인다는 이야기입니다.

이 세상 만물은 생겨나[成] 머물렀다가[住] 무너지고[壞] 사라지는[空] 성·주·괴·공의 순환을 반복하고 있습니다. 중생의 한 생각 한 생각 또한 생겨났다가[生] 잠시 머물고는[住] 변화하고[異] 사라지는[滅] 생·주·이·멸의 단계를 순환 반복합니다. 그리고 그 생멸 속에서 편리한대로 취하고 버리며, 이 취하고 버리고 선택하는 가운데 마음이 흔들리는 것이 바로 윤회입니다.

흔히들 '윤회(輪廻)'라고 하면 사람이 죽어서 개나 고양이로 다시 태어난다는 식의 이야기로만 생각합니다. 그러나 아닙니다. 내 마음 흔들리는 것 또한 윤회입니다. 내가 근본 자성자리를 망각하고 자꾸 동요하므로 내 마음이 흔들리는 것이며, 그래서 윤회의 세계가 펼쳐지는 것일 뿐, 내가 흔들리지 않으면 윤회라는 것도 없습니다.

불교의 궁극적인 목적은 흔들리지 않는 것입니다. 흔들리지 않으면 벗어나게 됩니다. 번뇌에서도 갈등에서도 고통에서도 윤회에서도 모두 벗어나게 됩니다.

따라서 우리 불자들은 염불을 하든 화두를 하든 흔들리지 않도록 노력을 하면 됩니다. 눈으로 무엇을 보아도 흔들리지 말고, 귀에 무슨 소리가 들려도 흔들리지 말고, 피부에 무엇이 닿아도 흔들리지 말아야 합니다. 흔들리지 않으면 동요가 없습니다. 동요가 일어나지 않으면 구속을 받지 않고 끌려 다니지 않게 됩니다.

그러므로 불교의 수행은 헛바닥으로, 말로써 하여서는 안 됩니다. 마음이 안 흔들리도록 하면 됩니다. 마음이 흔들리지 않는 것, 이것이 불교의 수행입니다.

실로 불교의 수행은 마음이 흔들리지 않도록 단속하는 것입니다. 그러나 기도를 한다고 하면서도 헛바닥으로 다 해버리는 경우가 허다합니다. 말은 쉬운데 실천은 어렵습니다. 우리는 말 보다는 실천 쪽을, 지혜보다는 선정 쪽을 닦아가야 합니다. 그리하여 흔들림 없는 마음의 평화를 이루어야 합니다.

일반 가정의 아버지들을 예로 들어 보겠습니다. 입시생을 둔 아버지는 말합니다.

"올해 우리 아들이 입학 시험을 치르게 되었구나. 힘들겠지만 열심히 해서 시험 잘 쳐야지!"

이렇게 헛바닥으로는 얼마든지 응원을 해 줍니다. 그러나 막상 퇴근을 하여 집에 들어왔을 때, 아이들은 학원에 가고 부인 또한 아이 기도를 위해 절에 가버려 빈 집에 들어오는 경우에는 순간적으로 섭섭하고 허전한 마음이 들어, '뭐 이렇게까지 해야 하는가?' 하는 생각이 꿈틀거리게 됩니다.

한 생각 꿈틀거림! 헛바닥으로 열 번 좋은 소리 하는 것보다, 가슴 밑바닥에서 한 번 꿈틀거리는 검은 기운이 집안에 풍파를 가져 오고 집안의 일을 망쳐버린다는 생각을 우리는 하지 못하고 있습니다.

그리하여 자꾸만 적당하게 생각하고 편리하게 생각해버립니다. 한평생 수천 수만 가지 잘못이 쌓였더라도 지옥 한번만 갔다가 오면 해결이 다 되는 것으로 착각을 하고 있습니다. 하지만 그런 것이 아닙니다. 하루에 열 번 잘못하면 열 번 잘못한 만큼 나쁜 세상에 열 번 갔다 와야 합니다. 한평생 수천 가지 잘못이 쌓이면 수천 번 나쁜 세상을 갔다 와야 합니다. 그런데도 우리는 단 한번만 지옥에 갔다 오면 모두 해결이 되는 것으로 적당하게 생각을 해버립니다.

결코 세상 일은 그렇지 않습니다. 이런 점에 조금 더 주의하여 눈에 보이는 세계에 끌려 다니지 말고, 우리 눈으로는 볼 수 없는 저쪽 세계도 늘 염두해 두면서, 내 마음이 흔들리지 않도록 해야 합니다.

내 마음이 흔들리는 것이 윤회이기 때문에, 윤회에서 벗어나려면 마음이 흔들리지 않도록 해야 합니다.

그런데 왜 흔들립니까? '나' 스스로 근본 자성자리를 망각하고 자꾸 움직이려 하기 때문에 흔들리게 되는 것입니다. 그리고 내 쪽이 흔들리고 있으니까, 흔들리고 있는 내 쪽에서 아무리 말을 하고 생각을 하고 판단을 해도 흔들리는 이야기가 나올 수 밖에 없는 것입니다.

흔들리는 눈으로 맑게 고인 물을 쳐다보면 물이 흔들리는 것처럼 보입니다. 내 눈이 흔들리고 있기 때문에 물이 흔들리는 것처럼 착각하게 되는 것입니다. 막대기 끝에 불을 붙여 뱅뱅 돌리면 불이 하나의 원처럼 둥글게 보이는 것 또한 착각입니다. 구름이 움직이는데 가만히 있는 달이 움직이는 것처럼 보이는 것 또한 착각입니다.

이러한 착각은 왜 일어나는 것입니까? 이 모든 착각은 내 쪽이 흔들리고 있기 때문입니다. 깨끗하지 못한 마음, 때 묻은 마음으로 내 쪽이 흔들리고 있으므로 우리 앞에 놓여진 모든 것들이 따라 흔들리는 것으로 보입니다. 비유하자면 아지랑이와 같은 것이 우리의 눈을 가리고 있기 때문에 모든 것이 흔들려 보이게 되는 것입니다.

우리가 흔들리는 마음을 가지고 근본 자성자리의 세계를 아무리 이야기하고 추측해본들 근본 자성자리에 대한 답은 나오지 않습니다. 왜 그런가? 흔들리는 쪽에 주춧돌이 있기 때문입니다.

중생의 망상심을 가지고 부처님의 경계를 짐작하고 추측하는 것은 개똥벌레의 반딧불을 가지고 산에 불을 붙이려는 것과 같아서 이루어지지 않습니다.

모양을 가지고 모양을 찾아가면 전부 헛것입니다. '나'라는 생각이나 '나'라는 모습을 주춧돌로 삼고 있기 때문에, 아상(我相)이 가득한 '나'의 모양새를 가지고 우리가 바라는 부처님을 건너다보게 됩니다. 이런 식으로 자꾸 내 모양새를 가지고 부처님을 쳐다보는 것은 전부가 아지랑이와 같고 꿈과 같은 헛짓이 될 뿐입니다.

생·주·이·멸을 순환 반복하는 윤회에서 벗어나지 못하고 윤회 속에 있으면서 '나'를 주춧돌로 삼아 진리와 법과 부처님을 추측만 하고 있으니, 어떻게 윤회가 끊어진 자리를 알 수 있겠습니까? 결국은 내 마음자리가 안정이 되지 못할 뿐이고, 안정이 되지 못하니 모든 것이 흔들리게 보이고 흔들리는 것처럼 착각이 생기게 되는 것입니다.

꼭 기억하십시오. 내 마음이 쉬지 못하고 내 마음이 흔들리는 동안은 전체가 흔들립니다. 내가 흔들어서 우리 집안에 파도를 일으키고, 내가 흔들어서 우리 집안의 문제거리를 만들어낸다는 것을 우리는 모르고 살아갑니다.

그러나 본래의 깨끗한 마음자리인 근본 불성(佛性)은 생겼다가 없어졌다가 하는 것이 아닙니다. 거울에 먼지가 앉고 때가 끼어 있어도 그 먼지와 때를 닦아내면 밝은 거울이 나타납니다. 이때의 거울은 본래 밝은 것이지, 때를 닦아냄으로써 거울에 새로운 밝음이 생긴 것은 아닙니다.

흔들리는 내 마음을 쉴 수 있고 흔들리는 내 마음을 안정되게 하면 착각에서 벗어나게 됩니다. 번뇌망상에서 벗어나 마음이 흔들리지 않는 것, 내 마음을 내가 흔들지 않는 것, 이것이 불교의 수행입니다.

체험하기를 원한다면

부지런히 흉내라도 내어라

윤회하는 우리의 생각, 윤회하는 우리의 알음알이로는 진리의 바다에 이르지 못합니다. 이론만 가지고는 이를 수 없으므로 좀 힘이 들더라도 부지런히 노력을 하여 불교의 수행을 해야만 합니다. 염불을 하든 주력을 하든 기도를 하든, 안 흔들리도록 노력을 해야 합니다. 흔들리지 않으면 어디에도 구속을 받지 않고 자유롭게 됩니다.

결국 꿈틀거리는 마음·흔들리는 마음을 단속하기 위해서는 불교의 수행법 중 자신에게 맞는 한 가지를 택하여 죽으나 사나 무섭게 몰아부쳐서, 곁에서 폭탄이 터져도 까딱도 하지 않을만큼 유지가 되어야 한다는 이야기입니다.

부처님께서는 모양을 가지고 모양을 구하면 전체가 다

헛것이라고 했습니다. 결국 '나' 라는 생각을 가지고 부처님을 자꾸 추측을 하고 더듬어 가려고 하니 이루어질 수 없는 것입니다. 모양을 만들어서 모양 없는 것을 추구하다 보니 틀릴 수밖에 없습니다.

그러므로 어떻게 할 수 없으니까 일부러 생각을 흔들어서 관세음보살이나 지장보살을 염불하거나 화두를 드는 것입니다. 이렇게 억지로라도 하다보면 시간이 흐르면서 고통스러움을 벗어나 자연스럽게 되고 습관화되어 갑니다. 흔들리지 않는 마음에 자꾸 익숙해져 가게 됩니다.

몇 시간을 서서 목탁을 치거나 소리를 내어 염불을 하거나 앉아서 화두를 들어도 피로하거나 고통으로 느껴지지 않고, 오히려 거기에 편안해지면서 계획적으로 다듬고 만들어가던 생각이 조금씩 주춤하게 됩니다. 그리고 그 고비를 넘어서게 될 때 불교에서 말하는 삼매나 선정에 들게 됩니다.

이 상태는 의식 속에서는 이루어지지 않습니다. 의식이 홀연히 툭 떨어지면서 제3의 세계가 체험이 되는 것입니다.

그러니까 우리가 기도를 할 때 기도의 영험을 바라고 이루고자 하는 욕심을 간절하게 내어, '꼭 이루어지소서. 꼭 이루어지소서' 하는 상태로는 바라는 바가 이루어지지 않습니다. 한 고비를 넘어서버려야 합니다. 한 고비를 넘어서야 기도의 영험이라고 하는 것이 내가 생각지도 못하였던 쪽에서 나타나게 됩니다. 내 속에 구하는 마음이 잔뜩 뭉쳐진 상태에서는 이루어지지 않는다는 것을 아셔야 합니다.

그래서 나는 가끔 불교공부를 지어나가는 것을 옛날 시골장에 돼지를 팔러 가는 비유를 들어 이야기합니다. 요새는 교통수단이 좋아서 아무리 덩치가 큰 소나 돼지들도 트럭에 실어 가면 됩니다만, 1970년 이전만 하여도 형편이 그렇지 못했습니다. 자연, 시골 사람들이 큰 돼지를 장에 팔러 나갈 때는 지게에 지고 갈 수도 없고 하여 회초리 하나를 들고 돼지를 몰면서 갔습니다.

이 돼지가 논이나 밭으로 들어가려고 하면 회초리로 톡톡 쳐서 그리 못 가게 하고, 또 반대편에서 오는 사람에게 방해가 될 만큼 길 가운데 쪽으로 가려고 하면 회초리로 톡톡 쳐서 길 가 쪽으로 몰고 가고…. 회초리로 요리 조리 몰아 10리 20리 밖의 장터까지 몰고 갔습니다.

내가 불교공부를 해본 결과, 그 공부의 방법이 회초리로 톡톡 쳐가면서 돼지를 먼 장터까지 몰고 가는 것과 똑같은 식이 된다는 것을 알게 되었습니다.

화두공부를 하든 염불공부를 하든, 잔뜩 구하고자 하는

마음에 답답하니까 어른들의 말씀을 따라 하다보면 나도 모르는 사이에 "그렇게 해라"고 하신 말씀에 집착이 생겨버립니다. 또한 공부하는 방법이 잘못 되었다고 꾸지람을 들으면서 "그렇게 하지 말아라, 공부 방법을 조금 바꾸어 이렇게 해라" 하는 그 말씀에 또 집착이 생겨버립니다.

그러나 그렇게라도 애를 쓰다가 보면, 나도 모르는 사이에 시간과 공간이 떨어져버리고 의식이 떨어져나가는 제3의 세계가 체험이 됩니다. 이 체험에 이르기까지는 우리 인간이 만든 시간으로, '언제쯤 그렇게 될 수 있다' 라는 말을 할 수 없습니다. 그저 목적지인 장터까지 회초리로 돼지를 톡톡 치면서 끝까지 몰고 가는 수밖에는 딴 방법이 없습니다.

또한 법문을 할 때 여러 차례 이야기를 드렸듯이, 불교 공부는 잃어버린 비단을 찾기 위해 돌장승을 두드리는 것과 같습니다.

❀

따뜻한 봄날, 고갯마루에서 낮잠을 자다가 비단짐을 잃어버린 등짐장수는 원님에게 달려가 비단짐을 찾아줄 것을 하소연하였고, 현명한 원님은 묘안을 짜내었습니다.

원님은 등짐장수가 낮잠을 자던 자리에 서 있었던 돌장

승을 '도둑을 본 목격자'라 하면서 잡아들인 다음, 훔쳐간 놈이 누구인지를 이실직고 하라고 다그치며 곤장을 쳤습니다.

모여든 사람들은 원님의 행동을 어처구니 없어하며 비웃었고, 원님은 이들에게 법정모독죄를 뒤집어 씌워 옥에 가두도록 명했습니다. 그리고는 그들의 가족에게 '방면을 바라거든 비단 한 필씩을 가져오도록' 하였습니다.

마침내 가족들이 가져온 비단 속에는 등짐장수가 잃어버린 비단이 여러 필 들어 있었고, 원님은 그 비단을 구입한 경로를 역으로 추적하여 진짜 도둑을 잡았다는 이야기입니다.

§

누가 생각해도 돌장승을 잡아들여 매를 치며 재판을 하는 것은 미친 짓거리입니다. 그러나 미친 짓거리로 보이는 이것으로 말미암아 추리를 하고 추리를 하여 결국은 비단 도둑을 잡아내게 된 것입니다.

그래서 불교공부는 화두를 들든 염불을 하든 주력을 하든, 비단을 찾기 위해 돌장승을 두드리는 것과 똑같은 짓이라고 하는 것입니다. 완전히 동떨어진 짓이요 딴 짓입니다. 아무런 연관도 없고 뜻도 없는 영 엉뚱한 짓이고, 아무 것도 안 될 듯한 짓이다 이겁니다.

그러나 이 엉뚱한 짓이 시간·공간을 초월한 제3의 세계를 체험하게 하는 유일한 방법이기 때문에 할 수 없이 이렇게 해야 합니다.

모양을 가지고 모양을 찾아가는 것은 전부 헛것입니다. 우리가 '내 마음·내 마음'이라고 자주 말하지만 실제의 '내 마음'은 모르고 있습니다. '진심·진심' 하면서 한평생을 살아도, 헛바닥으로 '양심·양심' 소리를 수만 번 하면서도, 내 양심·내 진심은 도무지 체험하지 못한 채 살아갑니다.

그럼 언제 잠깐이라도 체험을 할 수 있는가? 법회를 할 때 큰스님께서 갑자기 '악' 하고 할(喝)을 하면, 그 '악' 하는 고함 소리를 들으며 깜짝 놀라는 그 순간에는 아무런 망상도 없습니다. 바로 그때가 내 진심을 체험했다고 할 수 있습니다. 또 수계를 받기 위해 연비를 할 때 '앗! 뜨거워' 하는 그 생각뿐이지, 앞도 뒤도 없게 되는 그때 잠시나마 내 진심을 체험했다고 할 수 있습니다.

그 외에는 백년을 산다고 해도 대부분이 망상 속이고 꾸밈 속이고 거짓 속일뿐, 진심이라는 것을 도무지 체험하지 못한다는 이야기입니다. '관세음보살'을 부르든 화두를 들든 절을 몇 천배를 하든, 전부가 헛것이요 꾸밈 속에 사는 것이지 우리의 진심은 제대로 체험을 못한다는 이야기입니다.

그러나 그런 노력들이 쌓이고 쌓여 어떤 고비를 넘어가면서 제3의 세계를 체험할 수 있게 됩니다. 그때까지 우리는 할 수 없이 좋든 나쁘든 자꾸 흉내라도 내면서 가야 합니다.

꾸준히만 하면 이루어진다

실로 그렇게 꾸준히 공부를 지어나가다 보면 언젠가는 그렇게 됩니다. 업을 저지르고 과보를 받으면서도, 공부하는 노력이 차곡차곡 쌓여 기적이라는 것을 체험할 수 있게 됩니다.

한 예를 들겠습니다.

✿

나에게 1년에 한두 차례씩 꼭 찾아오는 어느 비구니스님의 이야기입니다. 이 비구니는 17세에 김일엽 스님의 『청춘을 불사르고』를 읽고 환희심을 일으켜 결심했습니다.

'나는 일엽스님과 같은 길을 가겠다. 출가하여 대해탈을 누리리라.'

그러나 20세가 가까워지자 아버지와 계모는 맞선을 보아 결혼할 것을 재촉했습니다. 한번도 아버지의 말씀을 거스르거나 말대꾸를 하지 않고 산 그녀였지만, 이미 뚜렷한 결심이 있었기에 이 말씀만은 따를 수가 없었습니다.

"아버지, 나는 비구니가 되고 싶습니다. 17세 때부터 이 결심은 변함이 없었습니다. 저를 절로 보내주세요."

아버지의 허락 없이 승려가 된다는 것은 생각도 해보지 않았던 그녀였기에, 어떻게 하든지 아버지를 설득시키고자 했습니다. 그러나 아버지는 막무가내였고 부녀 간의 골은 더욱 깊어 갔습니다. 그러던 어느 날 아침, 방에서 아버지의 호통소리가 들려왔습니다.

"빨리 부엌에 있는 식칼을 가져오너라!"

'아버지가 왜 저러실까?' 하며 그녀가 식칼을 가지고 방으로 들어가자 아버지는 버럭 소리를 질렀습니다.

"네 년이 말을 안 들으니까 할 수 없다. 이 자리에서 너를 죽이고 나도 죽겠다!"

아버지는 그녀의 멱살을 잡고 목에 칼을 들이대었으며, 순간 그녀의 머리에는 번개불처럼 한 생각이 스치고 지나갔습니다.

'아버지 말대로 결혼 흉내라도 내자. 그래야 아버지 곁을 벗어날 수 있다.'

그녀는 외쳤습니다.

"아버지, 딸은 출가외인이지요?"

"그래, 출가외인이다."

"내가 시집 가면 아버지가 내 일에 간섭 안 하지요?"

"그래, 안 한다."

"그렇다면 시집 가겠습니다."

마침내 그녀는 결혼을 하였고, 3개월만에 집을 뛰쳐나와 출가를 하였습니다. 그리고 일체 연락을 하지 않다가 7년 만에 아버지를 찾아갔습니다. 아버지는 화병으로 누워계 셨고, 아버지를 간병해야 할 계모는 무슨 병 때문인지 자 꾸 하혈을 하여 곧 죽을 형국이었습니다.

연세대학교 세브란스 병원에 데리고 갔더니 병명은 말 하지 않고, '이상하다' 며 7일 뒤에 수술을 해보자고 하였 습니다. 이에 비구니스님은 가족들에게 당부했습니다.

"내가 오늘부터 7일동안 기도를 하고 오겠습니다. 그때 까지는 절대로 수술을 하지 말고 기다리십시오."

그리고는 법당이 보물로 지정되어 있는 어느 절을 찾아 갔는데, 법당 안에는 두 채의 빨간 좌복을 깔고 앉아계신 부처님이 모셔져 있었습니다.

비구니스님은 밤낮 없이 목탁을 치며 지독하게 정근을 했습니다. 피곤도 잊고 잠 자는 것도 잊고 열심히 기도 했습니다. 그렇게 기도를 하여 마지막 날 새벽 2시 경이 되었을 때, 비구니스님이 잠깐 목탁채를 놓고 화장실에 갔다가 돌아와보니, 부처님 밑에 받쳐 놓았던 빨간색 좌복이 뽀얗게 변해 있는 것이었습니다.

'이상하다? 저 붉은색 좌복이 어찌 희게 보일까?'

가까이 다가가 만져 보았더니 이미 타버린 좌복은 소로록 내려앉았고, 부처님도 화끈거려 손을 댈 수 없을 지경이었습니다. 황급히 그 절에서 고시공부를 하고 있던 두 청년을 깨워 불상을 옮겼는데, 놀랍게도 타들어가던 불탁자도 손상됨이 없었고 불상의 개금도 변질된 곳이 조금도 없었습니다.

날이 밝자 스님은 회향을 한 다음 계모를 찾아갔고, 언제 그랬느냐는 듯이 계모의 병은 기적처럼 나아 있었습니다. 그 뒤 계모는 아버지가 돌아가실 때까지 시중을 들었고, 지금도 스님이 있는 토굴을 1년에 한 두 차례씩 다녀가신다고 합니다.

§

알 수 없는 계모의 병, 그리고 스님의 기도와 완치! 붉은 좌복이 뽀얗게 타버린 것과 걷잡을 수 없는 하혈이 멈춘 것이 어떠한 연관이 있는지는 뚜렷이 알 수 없으나, 이것이 진심의 힘이요 진심의 기적입니다.

우리 또한 마찬가지입니다. 우리가 진심이라는 것을 체험하지는 못하였어도, 거짓이든 꾸밈이든 억지로든 관세음보살을 부르거나 지장보살을 부르거나 주력을 하는 등 어떤 기도라도 있는 힘을 다해 몰아 붙이면, 비록 눈앞의 욕심이라 할지라도 그 소망이 이루어지는 영험이나 기적을 체험하게 됩니다.

그러나 대부분의 사람들은 어떻게 하고 있습니까? 약삭빠르게 꾀만 피우면서 열매가 떨어지기만을 기다릴 뿐, 실제 기도는 하지 못하고 있습니다. '열매는 언제쯤 되면 떨어지려는가? 이만큼 하면 되지 않을까?' 하면서 따지고만 있지, 실제 기도는 안 하고 있습니다.

우리가 비록 자취가 있는 유위심(有爲心)으로 모양을 가지고 모양을 찾아가지만, 끝까지 그렇게 몰아붙이고 나면 우리의 눈앞에 분명히 이루어지는 것이 있습니다. 그러니까 좀 힘이 들더라도 부지런히 하셔야 됩니다.

이제부터 우리는 달라져야 합니다. 내 중심적인 생각에서 벗어나 내 곁에 있는 사람들의 고마움을 알아야 하고, 그분들에게 '고맙습니다' 하는 마음을 먼저 가져야 합니다. 언제나 '가족이 고맙고 주위 분들이 고맙고 대우주가 고맙다' 는 마음이 가득 차서, 푸근한 고마움 속에 잠길 때가 되면 내 곁의 모든 모순은 저절로 없어집니다.

반대로 내 가슴 속에 불만이 가득하고 무언가를 구하는 마음이 샘솟고 욕심이 있는 동안에는 절대 내 곁이 편안하지 못하고 내가 구하는 것이 이루어지지 않습니다.

옛 어른들은 입춘이 다가오면 보리 뿌리 한 가닥을 캐어 작은 쟁반에 올려놓고 입춘 시간을 재었습니다. 그런데 입춘 시각이 되면 틀림없이 보리 뿌리의 새 촉이 탁 틉니다. 이렇듯 대우주는 참으로 묘합니다.

동지 때에는 갈대를 태운 재를 상자에 담아 방 안에 놓아 두는데, 정확하게도 동지 시각이 되면 갈대를 태운 재가 날립니다. 이것이 바로 대우주의 회전으로, 새해의 기운이 열리는 첫 시각임을 알려주고 있는 것입니다.

이러한 대우주의 변화에 맞추어 우리 주변에도 변화의 바람이 일어날 수 있어야 하고, 그래야 집안에 웃음꽃이 피고 복이 찾아오게 됩니다.

그럼 과연 어떻게 변화해야 되는가? 무엇보다도 가족에 대한 내 마음이 달라져야 되고 말이 달라져야 되고 행동이 달라져야 됩니다. 지금과 같은 용심(用心)이나 말이나 행동을 가지고는 안 됩니다. 힘이 들더라도 '나' 부터 바뀌어야 합니다.

부디 명심하십시오. 내가 달라지기 위해서는 내 마음을

내가 흔들지 말고 그대로 밀고 나아가면 됩니다. 내 업 때문에 내 가족이 힘들고, 내 업 때문에 내 가족이 애를 먹는다는 것을 잊지 말고, 언제나 새 기운을 불러일으켜 흔들리는 내 마음을 잘 단속하며, 자꾸 흉내라도 내어 부지런히 공부를 지어가시기를 간곡히 당부드립니다.

VII
번뇌와 업장을 비우려면

비운다는 것은 무조건 받아들이는 것

톡톡 튀는 한 생각이 번뇌의 뿌리

세세생생토록 버릇을 잘못 익힌 우리에게는, 어디를 가든지 톡톡 튀는 한 생각이 일어납니다. 마음 그 자체가 실체가 없는 것인데, 거기에 다시 '좋다·싫다', '어긋난다·맞는다', '괴롭다·즐겁다' 라고 하는 두 가지 상념들이 겹쳐지면서 윤회의 세계 속을 허우적거리며 사는 모습이 우리 중생들의 현실입니다.

『금강경』에서 이야기하는 아상(我相)·인상(人相)·중생상(衆生相)·수자상(壽者相)이라는 것도 한 생각 움직이는 데서 생겨납니다. 결국 '나에게 맞으면 좋고 나에게 맞지 않으면 싫다' 는 그 생각이 우리의 의식 속에 엎드려 있다가, 어디에서건 톡톡 튀어나옵니다. 더욱이 그 '좋다·싫다'라는 생각은 잠깐도 그치지 않고 계속 튀어나옵니다.

나의 분별심이, 나의 망상심이 주춧돌이 되고 뿌리가 된 아상 자체가 떨어지지 않은 상태에서는 인상·중생상·수자상이 줄줄이 엮여져서 같이 따라다닙니다.

그러나 '나'라고 하는 것이 없어져버린 아공(我空)의 세계를 체험하고 나면 나를 칭찬해주는 소리도 헛소리가 되고, 나를 비방하는 소리도 헛소리가 될 뿐입니다. 좋다·싫다, 옳다·그르다, 깨끗하다·더럽다는 개념에서 벗어나 아무런 시시비비가 일어나지 않습니다. 톡톡 튀는 한 생각이 전체의 뿌리가 되었던 것인데, 이것이 움직이지 않으면 아무런 차이점도 없고 어떤 시시비비도 없어지게 됩니다.

언제나 내 꾀에 내가 속고 살아가는 것이지, 남이 나를 속이는 것이 아닙니다. 내 꾀에 내가 속아 일을 크게 만들고 진흙 바닥으로 끌려들어갑니다. 톡톡 튀는 한 생각이 모든 잘못의 뿌리가 되고 허물의 뿌리가 된다는 것을 항상 조심하면서, 어떤 자리에서도 톡톡 튀지 않도록 마음 단속을 잘 하셔야 합니다.

내 업은 내가 짓고, 내가 뿌린 씨앗의 열매는 나에게 돌아오는 것이 대우주 법계의 이치입니다. 결국 내 마음가짐

하나에 따라 불가능이 가능으로 돌아가는 기운이 생겨나기도 하고, 가능이 불가능으로 돌아가는 반대의 기운이 생겨나기도 합니다.

흔히들 우리는 '예 · 할게요', '싫어요 · 안 해요' 등의 표현을 많이 합니다. 바로 이 순간이 중요합니다. 내가 '예'라고 할 때, 여기에 불가능이 가능으로 돌아가는 기운이 생깁니다. 내가 '싫어요 · 못해요' 라고 할 때, 여기에 가능하던 일이 불가능한 쪽으로 돌아가는 기운이 생깁니다.

꼭 명심하십시오. 내 마음 하나의 움직임이 대우주를 좌우하고 대우주를 회전시킵니다. 우리의 마음가짐이 일의 성공과 실패를 가져옵니다. 그러므로 언제나 첫 대답은 '예' 라고 하는 것이 중요합니다. '예' 라고 할 때 불가능이 가능으로 돌아가는 기운이 생겨나고, 우리의 마음이 성공을 만들어 냅니다.

'예' 라고 할 때에 대우주 전체가 '예' 하는 쪽으로 회전을 하게 되고, '싫어요 · 못해요' 할 때에 대우주 전체가 반대쪽으로 회전을 하게 됩니다. 우리의 마음이 대우주와 한 덩어리이기 때문에, 내 마음 움직이는 쪽으로 대우주가 그대로 움직이는 것입니다.

대우주에는 태풍도 일어나고 지진도 일어납니다. 대우주에는 화산폭발도 일어나고 해일도 일어납니다. 장마가지면 큰 비가 쏟아지듯이, 우리의 마음 하나 움직임이 장마를 만들기도 하고 태풍을 불러일으키기도 합니다. 그러므로 우리의 일상생활을 좀 더 잘 돌이켜보면서 주의 깊게 살아야 합니다.

번뇌의 뿌리가 되는 톡톡 튀는 한 생각. 우리는 이런 어리석은 한 생각 속에서 세세생생을 허우적거리며 살아 왔습니다. 이제 여기에서 벗어나야 합니다. 내 자신을 뒤돌아보고 내 자신을 돌이켜보아야 할 때가 되었습니다. 어디를 가든지 '싫다·좋다'는 한 생각이 일어나지 않도록 늘 마음 단속을 하면서, '내 마음가짐 하나가 대우주를 좌우한다'는 이치를 생활 속에서 체험할 수 있게 된다면 불자로서의 삶이 얼마나 보람되겠습니까?

내가 톡톡 튀는 한 생각을 일으키지 않으면 내 마음이 고요해집니다. 내 마음이 고요해지면 내 몸이 따라 고요해지고, 내 한 몸이 고요해지므로 모든 사람이 고요해지며, 모든 사람이 고요해지므로 한 세계가 고요해집니다.

이와 같이 내 한 몸을 시작으로 해서 열 몸 백 몸 나아가 일체중생의 몸이 고요해지고, 일체 중생의 몸이 고요해지므로 한 세계 속에 있는 중생이 모두 다 고요해질 수 있습니다.

146

무조건 받아들여라

문제는 공(空)입니다.

불교의 마지막 문제는 언제나 비우는 것, 곧 공(空)입니다. 모든 것을 비우고 모든 것을 털어버리라고 합니다. 그러나 '비워라 · 털어버려라' 고 하는 것도 결국은 말일 뿐입니다. 막상 비우려고 하고 털어버리려고 하면 어떻게 해야 합니까? 말로는 할 수 없는 것 아닙니까? 어떻게 해야 비워집니까?

비우려고 하면 받아들여야 합니다. 무조건 받아들여야 합니다. 내가 뿌리지 않은 씨앗은 나에게 오지 않습니다. 내가 뿌린 씨앗이 전부 내 발등에 떨어지고 내 가족에게 떨어집니다. 뿌리지 않은 씨앗이 나에게 오지 않습니다. 이것은 세상의 이치입니다.

어느 누구도 뿌려놓은 씨앗이 나에게 오는 그 결과에 대해 거부할 수 없습니다. 그러므로 이유 없이 받아들여야 합니다. 모두 다 받아들여야 합니다. 지금 내 눈앞에 벌어지고 있는 일이 괴롭든 고달프든 서글프든 싫든 좋든 모두 받아들여야 합니다.

불교에서 이야기하는 '비운다' 는 것은 '받아들인다' 는 것입니다. 내가 뿌려놓은 씨앗이 나에게 오는 것이니까 이유 없이 받아들이라는 것입니다. 받아들일 때 '싫다 · 괴롭다·고단하다' 등의 조건을 붙이지 말라는 것입니다.
바로 이것뿐입니다.

'받아들여라, 조건 없이 받아들여라.'

공(空)! 비우는 것은 무조건 받아들이는 것입니다.

무조건 받아들인다는 것은 거울이 물건을 비추듯 하는
것입니다. 붉은 것이 오면 붉은 대로 비추고, 푸른 것이 오
면 푸른 대로 비출 뿐입니다. '왜 너는 그만큼만 붉으며 왜
또 너는 그렇게 푸른가?' 를 따지지 않습니다.

똥은 똥대로, 물은 물대로 비출 뿐입니다. 내가 똥을 뿌
렸으니까 똥이 나에게 오는 것입니다. 내가 성을 뿌렸으니
까 성이 나에게 오는 것입니다. 내가 짜증을 내보냈으니까
짜증이 나에게 오고, 내가 신경질을 내보냈으니까 신경질
이 나에게 오게 되어 있습니다. 내가 내보내지 않은 것은
나에게 오지 않게 되어 있습니다.

그러나 자기 자신을 한번 돌아보십시오. 나 자신은 어떻
습니까? 내가 내보내고 내가 뿌린 씨앗에 대해 전부 거부
감을 가지고 '싫다·고달프다' 며 회피를 하려고 합니다.

그렇다고 이 열매가 내 발등에 떨어지지 않습니까? 모두
반드시 떨어지게 되어 있습니다. 그러므로 내가 뿌려놓은
씨앗이니까 조건 없이 받아들여야 합니다. 다만 받아들일
때는 거울이 물건을 비추듯 그대로 받아들여야 합니다.

그런데 참으로 묘한 것이, 나간 것은 반드시 들어오게 되어 있고 들어온 것은 반드시 나가게 되어 있습니다.

여기에서 명심해야 할 것이, 들어온 것을 다시 내보낼 때에 절대 조작을 붙여서는 안 된다는 것입니다. 들어온 대로 그대로 내보내야 합니다. 나에게서 다시 내보낼 때에, 갑이나 을에게만 해당되는 식으로 내보내지 마십시오. 남자 여자나 어른 아이, 100년 전이나 100년 후, 1000년 전이나 1000년 후의 사람, 그 어느 누구에게도

똑같이 해당이 되도록 내보내야 합니다. 거기에 아무런 물도 묻히지 마십시오. 붉은 물도 묻히지 말고 푸른 물도 묻히지 말고 그대로 내보내야 합니다.

내보낸 것은 그대로 받아들이고 받아들인 것은 또 그대로 내보내야 합니다. 여기에 나의 인위적인 조작을 붙이면 안 됩니다. 어떤 인위적인 조작도 붙이지 않고 그대로 회전만 되면, 그것이 바로 불교에서 이야기하는 '공(空)'이요 '무(無)'의 세계입니다.

우리는 흔히 '공이다', '무다'고 하면 착각을 합니다. 여기에 어떤 실체가 있다가 없어진 것을 '공이나 무'라고 생각합니다. 그러나 불교에서 이야기하는 공이나 무라고 하는 것은 있던 것이 없어진 상태를 이르는 것이 아닙니다. 붉은 것은 붉은 대로 받아들이고 푸른 것은 푸른 대로

받아들여, 나의 인위적인 장난을 붙이지 않고 자연적으로 회전되는 그대로에 맡겨두는 것을 이릅니다.

대우주의 법칙이, 법계의 법칙이 그대로 회전하게 내버려두는 이 상태를 일러 불교에서는 '공'·'무'라고 합니다.

그런데 우리는 여기에다가 자꾸 무엇을 붙이려고 합니다. 나에게 오는 일이나 나에게서 내보내는 일들에 대해 모조리 내 감정이나 욕심 등의 인위적인 조작을 붙여 버립니다.

동쪽 하늘에 뜬 해가 서쪽 하늘로 넘어가는 것. 이것이 바로 공입니다. 이것을 그대로 공이라 하고 이것을 그대로 무라고 합니다. 우리가 착각하고 있듯이 눈앞에 있던 물체가 없어진 상태가 공이 아닙니다.

앞에서 말씀드린 대로 붉은 것을 내보내면 붉은 것이 들어오게 되는데, 그것을 그대로 받아들여야 합니다. 또 푸른 것을 내보내면 푸른 것이 들어오게 되는데, 이때도 푸른 것 그대로 받아들여야 합니다. 그리고 그것이 나에게서 다시 나갈 때는 지혜롭게 내보내야 합니다.

한 개인에게 부딪히는 감정이나 욕심으로 내보내는 것이 아니라, 모든 사람이 똑같이 평등하게 받아들일 수 있도록 내보내는 것이 중요합니다. 100년 전 사람이나 100년

후 사람이나, 어느 누구에게도 거부감이 없이 비평 없이 모두가 '옳다'고 하며 받아들일 수 있도록 내보내야 합니다.

다시 한 번 말씀드리자면 불교에서의 '비운다'는 의미는 조건 없이 그대로 받아들이는 것을 뜻합니다.

그 첫 단계는 나에게 들어오는 것은 그대로 받아들이는 것입니다. 오는 것 그대로 아무 조건 없이 받아들이는 것이 결국은 비우는 것입니다. 여기에 무엇을 붙이지 말고 그대로 받아들이면 됩니다. 그래야 비우게 됩니다.

두 번째 단계는 나에게서 나갈 때에도 지혜롭게 그대로 내보내야 합니다. 여기에 어떤 인위적인 조작을 붙이지 말고 그대로 내보내는 것이 중요합니다. 이렇게 할 때 대우주의 법칙이 자연적으로 회전하게 되며, 이 상태를 불교에서는 '공'이나 '무'라고 합니다.

낯 씻다가 코 만지기보다 쉽다

지극한 신심이 있으면

우리가 경을 들여다보고 책을 읽고 법문을 듣는 것, 이 모든 것들이 어디까지나 말입니다. '불' 이라고 하는 것은 모든 것을 태워버리는 작용을 하지만, 우리가 '불!' 하며 외친다고 해서 말하는 사람의 혓바닥이 타는 것은 아닙니다.

이것처럼 우리가 지금까지 해 온 것은 '불' 이라는 말입니다. 우리는 여태껏 불교 공부를 한다고 하면서 '불' 이라는 말만 했지, 혓바닥이 타는 것을 체험하지는 못했습니다. 내 자신의 똘똘 뭉친 정성이 부족했기 때문에, 언제나 말에서 그치고 말뿐입니다.

그러나 세상에는 믿어지지 않는 일, 실제로 혓바닥이 불에 타는 일들이 종종 일어납니다.

❀

수나라 말기에 중국 익주의 심본현 왕자리라는 동네에 성이 구씨(具氏)인 선비가 있었습니다. 구씨 선비는 평소에 금강경을 즐겨 외어 깊은 이치를 터득했습니다.

어느 날 선비는 마을의 동쪽에 있는 들판에 서서, 하늘을 향해 손가락으로 글씨를 쓰기를 멈추지 않았고, 이상하게 여긴 동네 사람들이 까닭을 물었습니다.

"선비 어른, 하늘을 향해 무엇을 쓰고 있습니까?"

"금강경을 쓰고 있노라."

"왜요?"

"천상의 사람들이 이 경을 읽고 공경심을 내도록 하기 위함이야."

하지만 동네 사람들은 어느 누구도 그 말씀을 이해하거나 믿지 않았습니다. 다만 그 뒤부터 비가 와도 그 자리에는 비가 내리지 않았으므로, 들에 나갔던 사람들이 소나기를 만나면 그 자리에서 비를 피하곤 하였습니다.

그리고 그로부터 2~30년의 세월이 흐른 당나라 고조(高祖)의 무덕연간(武德年間, 618~628)에, 인도에서 온 스님이 그 동네를 지나가다가 구씨 선비가 글씨를 썼던 곳에 이르러 끊임없이 절을 하는 것이었습니다.

"스님, 거기에는 부처님도 없고 탑도 없는데, 무엇 때문에 공중을 향해 그토록 열심히 절을 합니까?"

동네 사람의 질문에 오히려 스님은 의아해하며 물었습니다.

"모두가 이 동네에 사시는 분들이시오?"

"그렇습니다."

"그런데도 내가 절을 하는 까닭을 모르십니까?"

"예, 왜 절을 하십니까?"

"이 자리에는 금강경이 쓰여져 있어 언제나 천상 사람들이 와서 공양을 올리고 예배를 올립니다. 그런데도 가장 가까이에 있는 사람들이 그것을 모르다니 참으로 안타깝구려. 절대로 이 자리를 더럽히지 않도록 하십시오."

스님이 떠나간 뒤 동네 사람들은 그 자리에 깨끗한 정자를 지어 신성시 하였으며, 그 정자에 있으면 가끔씩 인간 세상에서는 들을 수 없는 매우 아름다운 풍악소리가 들렸다고 합니다.

§

허공에 쓴 글씨가 수 십년이 지난 후에도 지워지지 않고 천인들의 공양처가 되었다는 것! 이처럼 우리 눈으로는 도저히 믿어지지 않는 불가사의한 일들이 흔히 일어납니다. 하지만 이런 일들은 우리가 여태껏 해온 것처럼 말로만 공부해서는 될 일이 아닙니다. 부처님의 경전 하나를 공부하더라도 밑뿌리가 빠지도록 공부해야 합니다.

얄팍한 꾀를 부려서는 안 됩니다. 오직 똘똘 뭉친 나의 정성으로, 지극 정성의 힘으로 공부를 하면 나에게도 이런 기적이 나타날 수 있습니다. 다른 사람이 만들어놓은 기적에 대해 나도 덕을 보겠다는 차원이 아니라, 내가 나의 기적을 만들고 내가 만든 기적 속에서 내가 살 수 있어야 한다는 이야기입니다.

우리는 자꾸 말에 끌려 가고 이름에 끌려 다니고 모양에 끌려 다닙니다. 하지만 이렇게 살면 안 됩니다. 어떤 일이 있어도 내 정신을 또렷하게 차리고 내가 가야 합니다. 내 밥은 내가 먹어야 내 배가 부릅니다. 곁에 사람이 밥 먹는 것을 하루 종일 쳐다보고 있어도 내 배는 불러오지 않습니다.

그러나 우리는 오랜 버릇 때문에 곁의 사람에 의해 자꾸 끌려 다니고 있습니다. 홀로 서는 것이 조금 힘이 들지라도 내 정신을 차려서 한 걸음 한 걸음 공부해나가면, 부처님 경전을 지니고 공부하는데서 얻어지는 불가사의한 공덕을 나도 체험할 수 있게 됩니다.

극으로 가는 신심, 즉 지극정성의 신심이라야 이런 기적을 나툴 수 있습니다. 우리처럼 얄팍하게, 헛바닥으로만 하는 척하면 헛공부를 할 뿐입니다. 법계의 큰 일은 물론이요, 부처님의 경전 하나를 믿고 지니는 것도 지금의 우리처럼 해서는 안 됩니다. 목숨까지 바쳐놓고 할 만큼 되어야 합니다.

'부처님을 믿는다·부처님을 따른다'고 하는 말만으로는 안 됩니다. 마지막에 가서는 목숨하고 바꾸더라도 흔들리지 않을 만한 차원까지 가야 무슨 영험이 나타납니다.

우리의 얄팍한 신심이 아니라 법계와 한덩어리가 될 만큼 지극한 마음으로 부처님의 가르침을 공부하면, 우리도 옛 어른들처럼 기적 같은 공덕을 나툴 수 있습니다. 어떤 병이든 어떤 일이든 우리의 정성이 극에 달하면 다 극복할 수 있고 다 이룰 수 있습니다.

조각을 내면 멀어진다

문제는 거기에다가 우리의 욕심이나 망념 등의 딴 물을 묻히는데 있습니다. 분별의 물을 묻히고 집착의 물을 묻히기 때문에 기도나 공부가 이루어지지 않게 됩니다. 옛 어른들의 말씀대로 부처님을 믿고 그대로만 해나가면 다 이루어집니다.

염불을 하거나 기도를 하거나 화두를 들 때에도, 우리가 보통 이야기하는 '내 마음·내 마음'을 흔들어 가면서 수행을 합니다만, 불교의 진정한 공부는 분별심으로 해서는 안 됩니다. '내 마음'이라고 하는 분별심을 가지고 하는 공부는 망상을 피우고 있는 상태일뿐, 진짜 공부가 되고 있는 것은 아닙니다.

그러므로 분별심이 아닌 진심(眞心)으로 공부해야 합니다. 화두를 들 때만 분별심을 가져서는 안 되는 것이 아니라, 염불이나 주문을 외울 때에도 분별심을 가지고서는 안 됩니다.

대우주는 한덩어리인데도, 우리는 자꾸 조각을 내려고 합니다. 여기에서 자꾸만 '내 마음이다, 내 몸이다' 하면서 조각을 내는 생각 자체가 틀렸습니다. '극락이다' 하면서, 지금 현실세계와는 다른 어떤 세계가 존재한다고 생각하는 것 자체가 잘못입니다.

대우주의 출발점은 빛깔도 소리도 모양도 냄새도 없습니다. 그대로 한덩어리로 굴러가는 것일 뿐, 생길 때부터 김 아무개는 이렇게 생겼고 극락은 이렇게 생겼고 열반은 이렇게 생겼다는 조각을 낼 수 있는 것이 아닙니다. 그런데도 우리는 분별심으로 자꾸 조각을 내고 있습니다.

불교 자체를 바르게 이해하지 못하고 조각조각 내는 쪽으로 이해를 하면 원점에서 자꾸 멀어집니다. 마찬가지로 불교 공부를 지어나갈 때에도 내 마음을 조각조각 내지 말아야 합니다. 조각을 내고 분별을 하는 망상심의 세계는 진리의 세계와 점점 멀어져 가기 때문입니다.

조금도 동요됨이 없고 조각나지 않은 대우주 자체의 본연 그대로를 확신하고서, 그 속에서 흔들림 없이 살아야 됩니다.

옛 어른들의 말씀에 '불교공부는 낯 씻다가 코 만지기보다 더 쉽다' 고 했습니다. 즉 '법을 깨친다 · 진리를 체험한다' 는 것이 내 얼굴을 씻다가 코를 만지는 것보다 쉽다는 이야기입니다.

내 얼굴을 씻으면서 내 코를 안 만지고 씻는 사람이 어디 있겠습니까? '내 얼굴을 씻다가 코 만지기보다 더 쉬운 것이 도 깨치는 것' 이라고 하신 것입니다. 그런데도 우리가 자꾸 분별심을 내고 조각조각 나누다보니, 대우주 전체를 이해하기가 더욱 어렵게 되어 버리는 것입니다.

하수도가 냄새나고 더럽다고 해서 건드리지 않고 가만히 내버려두면, 나중에 하수도가 터질 때 엄청난 피해가 따르게 되어 있습니다. 비록 더럽고 냄새난다고 하더라도, 하수도는 지금 청소를 해놓아야 뒷날에 걱정이 없는 법입

158

니다. 지금 이 일이 싫다고 해서 덮어놓으면, 뒷날 하수도가 막혀 사고가 날 때에는 지금의 몇 배의 노력과 고통이 따르게 됩니다.

그러므로 지금 힘들더라도 불교에 연(緣)이라도 만들어 놓아야 됩니다. 사람의 몸을 받았다가 다음 생에 다시 사람이 되는 일은 손톱 위에 올라가는 흙만큼이나 드물다고 했습니다. 손톱 위에 흙을 올리면 얼마나 올라가겠습니까? 반대로 지금 사람의 몸을 받았다가 다시 사람의 몸을 받을 수 없는 사람은 우리가 밟고 다니는 땅덩어리 전체의 흙만하다고 했습니다. 다음 생에 사람의 몸을 얻어 온다는 일이 결코 쉽지 않다는 이야기입니다.

불교 공부도 그렇습니다. 번뇌와 업장이 가득한 중생에게 있어서는 한없이 어렵고도 힘든 것이 불교공부이기도 합니다. 그렇지만 이 생에 사람 몸을 받았고 불교와 연을 맺은 불자가 아닙니까? 이 얼마나 귀하고 귀한 인연입니까? 우리는 이 인연을 잘 가꾸어 나가야 합니다.

옛 어른들의 말씀대로라면 낯 씻다가 코 만지기보다 쉬운 것이 진리를 깨치는 일이라 했습니다. 이 말씀에 담긴 깊은 뜻을 잘 새겨서, 부디 내 마음을 조각조각 내지 말고 똘똘 뭉치고 뭉쳐, 정성으로 공부를 지어나가시기를 부탁 드립니다.

VIII
흘러가는 물처럼 공부하라

집착을 주춧돌로 삼지 말라

마구니는 내 마음이 만들어 낸 번뇌

우리는 세세생생 버릴 줄 모르는 집착의 세계에서 살아 왔습니다. 그리고 집착하며 사는 것이 버릇이 되어, 아무 짝에도 쓸 데 없는 것을 하나 붙들면 놓아버리지를 못합니다.

관광버스를 타고 어느 도시를 스쳐 지나가다가, 나하고는 아무 관계도 없는 어떤 동네 골목길의 간판 하나가 눈에 들어왔는데, 한 평생이 지나도록 그 간판이 안 잊혀지고 마음속에 간직되는 경우가 종종 있습니다.

나하고는 아무런 관계도 없이 우연히 눈에 비쳐진 것도 그러한데, 하물며 내 마음을 일으켜 가지고 붙드는 일들이 어떻게 나에게서 떨어지겠습니까? 이렇게 무서운 것이 우리의 버릇입니다.

『능엄경』에는 '오십종변마사(五十種辨魔事)'에 대한 이야기가 나옵니다. 색(色)·수(受)·상(想)·행(行)·식(識) 5온(五蘊)의 각각에 해당되는 열 가지씩의 마구니의 일을 곱하면 오십종변마사가 됩니다.

곧 쉰 가지의 마구니에 대한 이야기로, 우리 일상생활이 전부 여기에 해당됩니다. 심지어 머리를 깎고 절에 계시는 큰스님들이나 큰 절의 조실스님이라도 이 오십 가지 마구니의 장애에서 쉽게 벗어날 수가 없게 되어 있습니다.

❀

일제 강점기에 백용성(白龍城:1864~1940) 노스님이 서울 대각사에서 한 두 시간에 걸쳐 이 오십종변마사에 대한 법문을 다 마쳤을 때입니다. 한 젊은 스님이 자리에서 일어나 절을 세 번 올리고 질문을 했습니다.

"큰스님의 오늘 법문을 참으로 거룩하게 잘 들었습니다. 그런데 큰스님은 이 오십 가지 마구니의 일 중에 어디에 해당이 되십니까?"

그때 용성노스님께서는 이 질문에 대한 답을 주시지 않고 법회가 끝나버렸습니다. 그 뒤 춘성(春城)스님이 이 일에 대해 말씀했습니다.

"아쉬운 문답이다. 분명히 저쪽에서 칼날이 떨어졌으면 칼을 맞받아치든지 칼을 가지고 죽여버리든지 했어야 했는데, 대꾸를 하지 않았으니 아쉬운 문답이다."

{

언제 기회가 있으면 『능엄경』의 제9권과 10권에 수록되어 있는 50종류의 마구니에 대해 공부한 다음, '나와 관련된 마구니의 일은 어떠한 것인가'를 한번 점검해보시기 바랍니다. 어쨌든 『능엄경』에서는 마장(魔障)에 대해 무섭도록 아주 세밀하게 밝혀놓았는데, 그것들은 과연 어디로부터 생겨난 것일까요? 이 마구니 모두가 내 마음에서 일어난 일입니다.

별 인연도 없는 거리의 사소한 간판 하나가 수십 년이 지나도록 '나' 속에 남아 지워지지 않고 있는데. 우리의 일상에서 내 부모·내 자식·내 남편·내 아내가 지워진다는 것은 있을 수가 없는 이야기입니다.

누군가가 '나는 그 모두를 지울 수 있어!'라고 한다면 새빨간 거짓말입니다. 중생에게 있어서는 가족 사이에 있었던 일들이 참으로 잘 지워지지 않습니다. 참으로 '얽혀 붙는 번뇌'가 되어 무섭도록 우리를 핍박하지만, 반드시 이것을 이겨내야 합니다.

『능엄경』의 오십종변마사를 공부해 보면 그 마장의 내용들이 일반불자들의 일상생활 가운데에서도 모두 체험되고 있는 이야기들입니다. 염불·주력·화두·경전공부·참회·절 등의 기도나 수행을 할 때 오십 가지 마구니의 일이 벌어집니다. 그때마다 그 고비에 흔들리지 말고, 결국에는 극복해서 넘어설 수 있어야 합니다.

오십종변마사를 비롯한 팔만사천 마구니 모두가 내 마음에서 일어나는 분별심이요 망상심이며, 이 모두가 바로 애착하고 집착하는 데서 비롯되는 일들입니다.

소리도 빛깔도 냄새도 모습도 없고 잡을 수도 떨칠 수도 없는, 불교에서 불성(佛性)·원각(圓覺)·진아(眞我)라고 이야기하는 이것이 바로 원점인데, 언제부터인가 버릇이 들고 물이 들어 자꾸만 '무엇을 붙들고 싶고 의지하고 싶고 당기고 싶은' 집착을 주춧돌로 삼으며 살게 되었습니다. 출발점은 어디인지 모르는데, 한 번 붙들고 두 번 붙들다보니 나도 모르게 익어져서 버릇이 붙어버린 것입니다.

마치 처음에는 너무 속상해서 몸에서 받아주지도 않는 술을 억지로 한 잔·두 잔 마시다보니, 이것이 습관이 되어 저절로 술을 퍼마시게 되고 나중에는 술 없이는 살 수 없게 되는 지경에까지 이르는 것과 같습니다.

이렇게 무서운 것이 우리의 버릇입니다. 지금 우리에게

는 하나부터 열까지 모두 버릇이 붙고 집착이 붙어, 어떤 일에도 망상으로 추측하고 짐작할 뿐 진실을 보려고 하지 않습니다. 수 백 가지, 수 천 가지의 습관이 붙어 '속지 말아라 속지 말아라' 고 끊임없이 외쳐도, 집착과 번뇌에 끌려 다니고 허상(虛像)에 속으며 살 뿐입니다.

진짜는 어떠한가

다른 일은 그만두고라도 사랑하는 가족에 대한 것만 한 번 돌아보십시오. 우리가 일상생활을 하면서 겉으로는 자식을 위하고 부모를 위하고 배우자를 위하는 것 같지만, 전부 내 욕심을 채우는 일일 뿐, 진짜 자식을 위하고 배우자를 위해주는 사람은 참으로 드뭅니다.

곁에 붙은 내 욕심이 장난을 하고 꾀를 부리고 나를 조정하고 있습니다. 나의 나쁜 습관을 하나씩 하나씩 없애나가는 노력들이 자리를 잡아가야 하는데, 자꾸만 내 욕심이 얽혀서 사건을 더 크게 키우고 있는 것이 우리 중생들입니다.

우리는 세세생생 붙들면 놓을 줄을 모르는 집착의 세계에서 살아왔고, 집착의 세계에서 익힌 버릇 때문에 모든 것에 대해 착각을 하고 있습니다. 무엇보다도 먼저 '내 몸이라는 것이 거짓부렁이요 내 마음이라고 하는 것이 실제 존재하는 것이 아니라는 것'을 모르고 살아갑니다.

모양도 없고 빛깔도 없고 소리도 없고 냄새도 없는 이 마음이라는 것을, 꼭 어떤 물체의 형태로 우리 몸 속 어딘가에 있다고 착각을 합니다. 억지로 이해하기 쉽게 '마음'이라고 이름을 붙여 놓은 그 이름에 집착을 해서, '내 마음 · 내 마음' 또는 '김 아무개의 마음 · 박 아무개의 마음'하면서 '마음이 있다'고 착각을 하며 살아갑니다.

결국 모양이 없는 것이 마음임을 모르기 때문에 생사윤회를 하게 됩니다. 이름 뿐인 '나 · 마음 · 부처….'갖은 소리를 다 하고 여러 이름을 붙여놓은 이것을 멀리 떼어 내버려야 하는데 떼어내지를 못하고 있습니다.

여기에 아주 맑고 맑은 투명체의 구슬이 하나 있다고 가정해 봅시다. 이 구슬은 자체가 아주 깨끗하기 때문에 붉은 환경에 처하면 붉은 색깔을 띠어 붉게 보이고, 푸른 환경을 만나면 푸른 색깔을 띠어 푸르게 보입니다.

그러나 어리석은 사람들은 이 구슬이 본래 붉다고 생각하고 이 구슬이 본래 푸르다고 생각합니다. 깨끗한 진리의 세계에는 이런 색이나 모습들이 없는데, 진리 속에 이런 색이나 모습이 있는 것처럼 착각을 합니다.

맑은 구슬은 붉은 환경에 가면 붉게 보이고 푸른 환경을 만나면 푸르게 보일 뿐, 본래 구슬 자체에는 붉고 푸른 빛깔이 없습니다. 우리의 성품 또한 깨끗한 원각자리, 본래 청정한 부처만이 존재할 뿐입니다. 그런데도 우리는 형체 있는 이 몸을 주춧돌로 삼아 '본래 청정한 부처' 까지도 꼭 어떤 모양을 가진 것으로 상상을 하게 됩니다.

우리가 비록 진리의 세계를 체험하지는 못했다고 할지라도, 진리의 세계에는 '내 몸이다·내 마음이다' 라고 하는 어떤 물질적 세계가 존재할 수 없다는 것만은 정확하게 인식하고 이해하여야만 합니다. 그래야만 착각에서 벗어날 수 있습니다. 만약 착각 속에 빠져있으면 진리에 대해 문답을 해도 엉뚱한 답이 나올 수밖에 없습니다.

착각을 주춧돌로 삼아 살다보면 눈앞의 모든 헛된 것을 놓아 버리지 못합니다. 착각을 하며 살아가기 때문에 지금의 상태를 버리기는 커녕 더욱 붙들고 늘어지게 됩니다. 털어버리고 앞으로 나아가야 하는데, 자꾸만 집착을 덧붙여 나가서 더욱 얽혀들고 있는 것입니다.

내 몸뚱이를 있는 그대로 두고 미련도 떨쳐버리고 집착도 떨쳐버리거나, 내 가족을 그대로 두고서 이별을 할 수 있는 차원이 되면 참된 보살이라고 할 수 있습니다. 물질체와 상대해서 이별을 할 수 있다고 하면, 모든 애착이 떨어져버리고 미련이 떨어져버리고 망상심이 떨어져버린 차원입니다.

실제로 이 경지를 체험을 하게 되면 지금처럼 미련이나 집착으로 뒤엉켜서 범벅이 된 상태가 아니라, 홀가분하고 부담이 없는 세계가 됩니다.

하지만 우리는 공부를 한다고 하면서도 자꾸 집착을 하고 그 공부에 대해 엉뚱한 기대를 걸게 됩니다. 도를 깨친다고 하면 여태껏 모르던 세계가 다 알아지는 것처럼 착각을 합니다. 도를 깨치고 나면 영어 · 독일어 · 일본어를 저절로 다 알게 되고, '하늘 천(天) · 땅 지(地)'의 천자문도 저절로 다 알아진다고 착각 합니다. 그러나 실제로 공부를 해서 도를 깨치고자 하면 무엇보다 먼저 집착을 떨쳐버리고 착각에서 깨어나야 합니다.

지금의 내 몸뚱이를 그대로 두고 집착을 떨쳐버릴 수 있고 눈앞에 있는 모든 모습에 구속을 받지 않는 차원에 이르게 되면, 그 어떤 것하고도 비교할 수 없는 청정한 세계를 체험하게 됩니다. 이때의 청정한 세계는 더러워진 것을 때를 닦듯이 닦아내는 그런 차원이 아닙니다. 지금의 있는 상태를 그대로 두고, 어떤 것과 비교할 수 없고 견줄 수도 없는 깨끗한 것을 체험하는 것을 말합니다.

오리 다리는 짧고 학의 다리는 긴, 그대로가 평등이고 그대로가 청정입니다. 대우주세계 그대로가 우리의 마음이 나타난 상태입니다. 진리가 따로 있고 지금 나타나 있는 모습이 따로 있는 것이 아니라, 진리가 그대로 현재의 모습이요 현재 모습이 그대로 진리라는 이야기가 됩니다.

끝까지 남는 것은 '나'

'나'가 떨어져 나가면

앞에서 이야기하였듯이, 오십종변마사 · 108번뇌 · 팔만 사천번뇌 등은 모두가 자기 마음이 만들어낸 마구니입니다. 이 번뇌를 벗어나는 길은 집착을 떨쳐버리고 착각에서 깨어나 무념(無念)의 상태, 곧 바른 생각을 이루는 것입니다.

무념의 상태란 진리가 그대로 현재의 모습이요, 현재의 모습이 그대로 진리라는 것을 체험하는 차원입니다. 그러나 집착을 떨쳐버리기는 참으로 어려운 일입니다. 우리가 집착을 쉽게 떨쳐버릴 수만 있다면 공부를 할 필요도 없고 참회를 할 필요도 없습니다.

그리고 집착을 떨칠 수가 없기 때문에 내가 저지른 것은 내가 받아야만 합니다. 떨쳐버릴 수 있다면 내가 저지른 것을 내가 받지 않아도 됩니다. 집착을 떨칠 수가 없기 때문에 내가 뿌린 씨앗이 조만간 나에게로 오는 것입니다.

여기에서 벗어나는 길은 참회를 하거나 기도를 하되, 그 어떤 기대도 걸지 말고 오직 부지런히 하는 것입니다. 그냥 지극한 신심으로만 하면 됩니다. 그렇게 하면 불보살님의 크나큰 가피력으로 벗어날 수 있습니다.

불보살님은 본래의 깨끗한 서원을 주춧돌로 삼아 대비심으로 중생을 교화해 주십니다. 불보살님은 여러 가지 방편의 모습으로 나타나 중생이 원하는 대로 다 이루어 주십니다. 그러나 기대를 걸거나 집착을 하게 되면 오히려 엉뚱한 사건이 일어날 수 있으므로 오직 지극한 신심으로 임해야만 합니다.

❁

중국 당나라 때, 높은 벼슬에 있으면서도 돈독한 신심 속에서 청정하게 일생을 보낸 건갈(健渴:858~935)이라는 분이 있습니다. 중년 시절의 어느 날 그는 생각했습니다.

'나와 같이 속가에서 살림을 사는 거사는 어떤 불보살을 모시며 수행하는 것이 좋을까?'

그는 몇몇 스님께 자문을 구하였는데, 그중 한 스님이

말했습니다.

"내 생각 같아서는 지장보살을 섬기는 것이 좋을 듯싶소. 지장보살은 말세의 죄고중생(罪苦衆生)을 제도할 것을 부처님으로부터 부촉 받으셨으니까 말이오."

그 말은 신묘하리만큼 건갈의 마음에 공명을 불러 일으켰습니다.

'지장보살님은 나와 같이 부모님을 섬기고 가족을 거느리며 세간에서 사는 사람들의 제도를 부처님께 부촉 받으셨다. 지장보살님이 어찌 나를 져버리시랴!'

그날부터 건갈은 열심히 지장보살 염불을 하며 수행에 힘썼습니다. 그리고 항상 지장보살을 받들어 모시고 다녀야겠다는 생각이 들어, 전단향 나무를 구하여 높이가 4cm 정도 되는 지장보살상을 조성한 다음, 상투 속에 정중히 감추어 모셨습니다. 그리고 다닐 때나 머무를 때나 눕거나 앉거나 사람들과 이야기할 때나, 항상 지장보살을 모시고 있다는 생각을 잊지 않았습니다. 가히 생각 생각에 지장보살을 잊지 않고자 노력하였던 것입니다.

그러던 중 923년에 전쟁이 일어났는데, 건갈은 적군에게 포위되어 곧 죽을 지경에 이르렀지만 일심으로 지장보살만을 생각하고 있었습니다. 그런데 적군의 대장인 듯한 자가 건갈을 발견하고는 잠시 주춤하더니 크게 놀란 거동으

174

로 연신 말에 채찍질을 더하며 달아났고, 병사들도 정신없이 그 뒤를 따라 가버리는 것이었습니다.

또 930년에 건갈은 새로운 관직을 받아 부임을 하기 위해 길을 떠났습니다. 어느 후미진 냇가에 다다르자 이상한 느낌이 들어 건갈은 더욱 일심으로 지장보살을 생각하면서 다리를 건너 산 밑에 이르렀는데, 어떤 사람이 바쁜 걸음으로 그를 부르며 따라오고 있었습니다. 그 사람은 일찍이 건갈에게 깊은 원한을 품고 있던 사람이었으므로 '이제 올 것이 왔구나' 라고 생각하였는데, 그 사나이의 태도가 갑자기 민망하리만치 정중하게 바뀌어 말하는 것이었습니다.

"내가 이번에 당신이 이 길을 통과하여 부임처로 갈 것을 알고서 당신을 죽이기 위해 미리 저 다리 부근에 숨어 있었습니다. 그런데 당신이 멀리서 말을 타고 오는 것을 똑똑히 보았는데, 다리 가까이에 이르자 갑자기 스님 한 분이 지나가실 뿐 당신도 말도 보이지를 않았습니다. '이상한 일이다' 생각하고 지켜보았지만, 역시 스님 한 분만이 다리를 건너가는 것이었습니다. 그런데 조금 더 있다가 보니 당신이 여전히 말을 타고 가는 것이 아니겠소? 당신은 분명히 부처님이 도우시는 사람인 것 같소. 이제 내가 과거의 일을 다 풀어버릴 것이니, 당신도 마음을 놓으시오."

"고맙소이다. 앞으로 잘 지냅시다."

두 사람은 깨끗이 화해하였습니다. 그 뒤 건갈은 지장보살의 가피로 홍수 때문에 잃게 될 뻔한 목숨을 또 한 번 구하였고, 나이 78세 때 단정히 앉아 합장하고 염불하면서 숨을 거두었는데, 그의 상투에서는 유난히 밝은 광명이 퍼져 나와 온 몸을 감쌌다고 합니다.

§

이 건갈거사의 이야기처럼, 우리의 지극한 신심은 우리의 겉모습마저 변화시켜 기적 같은 영험을 나타내게도 만듭니다.

내가 늘 말씀드렸듯이 병이 난 사람도 '나[我]'가 떨어져버리면 병도 떨어져나갑니다. 결국 마지막까지 남는 것이 '나'입니다. 그러므로 '나'라는 생각이 떨어질 때까지 기도를 하든지 절을 하든지, 끝까지 하면 반드시 이루어집니다.

그러나 가장 아까운 것이 '나'입니다. 내가 떨어져버리면 죽을까 싶어서, '나'만은 꼭 붙들고 있고 싶은 것이 우리의 마음입니다. '나'가 안 떨어지니까 '나'를 주춧돌로하여 생겨난 병이 떨어질 리 없습니다.

‘나’가 떨어질 때까지 가버리고 나면 어떠한 병도 떨어지게 되어 있습니다. 그러나 ‘나’가 아깝고, ‘나’가 떨어져버리고 나면 죽을까 싶어서 ‘나’를 붙잡기 때문에 마지막 고비를 넘기지 못하는 것입니다.

실지로 구병기도는 가장 쉬운 기도입니다. 내가 여기에서 이 병으로 쓰러지느냐? 내가 병을 이겨서 원래의 몸을 회복하느냐? 이 두 갈래 길을 칼날 위에 세워놓고 끝까지 하면 됩니다. 하지만 ‘나’가 떨어져버리면 죽어버릴까 싶고, 내가 아까워서 못 이루고 마는 것입니다.

세상살이에 어떤 기대를 걸거나 집착을 하지 말고 부지런히 하라는 것은, 대우주법계의 묘한 작용[妙用]이 있기 때문입니다. 모든 것이 ‘공’이라고 하지만 이 완전한 공[眞空] 속에 묘한 유[妙有]가 있습니다. 아무 것도 없는 가운데 눈에 보이지 않는 움직임이 작용하고 있는데, 이 진공 속의 묘한 작용에 의해 영험이라든가 기적이 드러나게 되는 것이며, 이것이 바로 대우주의 법칙인 것입니다.

내 꾀에 내가 속지 말아야

그런데도 우리는 자꾸 내 꾀에 내가 속아 삽니다. 재(齋) 지내는 일을 예로 삼아 보겠습니다.

돌아가신 아버지를 위해서 재를 지내는 경우에는 거기에 '나'나 상주들의 생각은 붙이지 말아야 합니다. 분명 아버지의 복을 닦아드리고 공덕을 닦아드리기 위해 재를 지내드린다고 하면서, 거기에 '나'의 체면이 들러붙고 내 욕심이 들어붙습니다. 내 욕심과 내 체면이 중심이 되어, 적어도 어떤 절에 가서 재를 지내야 되고 어떤 스님이 재를 주관해야 된다는 식의 욕심이 붙어버립니다.

아버지를 위해 지혜롭게 재를 지내야 하는데 내 꾀에 내가 속아버리면, 입으로는 '아버지를 위해 재를 지내드린다'고 하면서도, 아버지하고는 아무 연관이 없이 내 욕심을 채우고 내 체면을 세우는 그런 어리석은 일을 저지르게 되고 마는 것입니다.

업장 참회를 할 때에도 진심으로 나의 업장을 참회하고, 가족에 대한 고마움과 감사함으로 가족을 향해 절을 하면 됩니다. 거기에 내 계산은 넣지 말아야 합니다. 내 계산을 넣으면 내 꾀에 내가 속게 됩니다. 옛 어른들이 공부를 하면서 재주를 부린다는 말씀을 하셨는데, 이는 '내 마음이 부린 꾀에 내가 속는다'는 이야기입니다.

이런 점들을 늘 돌이켜서, '내가 하는 이 기도가 참으로 내 가족을 위해서 복을 닦는 기도인가? 내 가족을 위해서 공덕을 쌓는 기도인가?'를 잘 생각해 보셔야 합니다. 여기에마저 내 꾀가 붙어, '고행을 싫어하고 얄팍한 짓을 하는 것은 아닌가?' 를 늘 반성할 줄 알아야 합니다.

그리고 어느 고비를 넘어설 때까지는 싫어도 할 수 없습니다. 싫어도 할 수 없이 해야만 됩니다. 어떤 분들은 '장애가 끝나고 나면 기도를 하거나 수행을 하겠다' 고 합니다만, 내 업이 끊어질 때라야 나에게 오는 파도가 끊어집니다. 내 업이 있는 동안은 나에게 오는 파도도 끊어지지 않습니다.

또한 나에게 오는 파도가 끊어지지 않는 동안에는 내 가족에게 오는 파도도 끊어지지 않습니다. 즉 나에게 오는 파도가 안 끊어지는 동안에는 내 가족에게도 자꾸 파도가 몰아닥친다는 이야기입니다.

내 업이 남아 있는 동안은 그 파도는 오게 되어 있습니다. '어떻게 복을 닦는다 · 어떻게 기도를 한다' 고 해도 내 업이 끊어질 때까지는 나에게 그 파도가 오게 되어 있고, 내 가족에게 그 파도가 오게 되어 있습니다. 내 업이 다 할 때까지 그 파도 또한 끊어지지 않는데 어떻게 하겠습니까?

힘이 들어도 할 수 없습니다. 모든 업의 원점은 결국 '내 잘못' 이기 때문입니다. 소리도 없고 빛깔도 없고 모양도 없고 냄새도 없고 아무 것도 없는 여기에, 아들 걱정 · 딸 걱정 · 부모 걱정 · 배우자 걱정 다 붙여놓고, 추워도 걱정,

더워도 걱정, 돈이 많아도 걱정, 이것도 걱정, 저것도 걱정…. 수 백 가지 수 천 가지 걱정들을 전부 내가 만들어서 갖다 붙여놓았습니다.

누가 나에게 준 것이 아니라, 내가 만들어 나에게 붙여놓은 것들입니다. 그래서 내가 늘 부탁을 드리는 것입니다.

"씨앗이 열매되는 것을 조심해서 쳐다보아라."

씨앗을 뿌리지 않으면 절대로 열매는 없습니다. 내가 뿌린 씨앗인 내 말·내 마음가짐·내 행동이 열매가 되어 모두 나에게로 돌아오고 나한테 부딪히게 됩니다. 내가 뿌리지 않은 것은 나에게 오지 않습니다.

그러니까 지금부터라도 내가 뿌린 씨앗에 대해 주의 깊게 바라보면서, 내 곁에 다가오는 반응이 복을 털어버리게 만드는 그런 씨앗은 절대로 뿌리지 말아야 합니다. 힘이 들어도 그렇게 해야 합니다.

그러나 우리는 버릇이 되어 있어서, 그렇게 하면 안 된다는 것을 알면서도 그때가 되면 '안 된다' 는 생각이 들기도 전에 나도 모르게 탁 터져나와 버립니다. 탁 터져나와 버리고 나면 뒤에 와서 반드시 후회를 하게 됩니다.

이렇게 한 번 두 번 세 번 네 번 실수를 거듭하면서도, 마침내는 어떤 반응에도 움직이지 않고 흔들리지 않을 만큼 부지런히 공부를 해나가야 합니다.

특히 가족 사이에 있어 절대로 칼질을 하지 말아야 합니다. 나는 늘 '헛바닥을 칼'이라고 합니다. 헛바닥은 헛바닥이 아니라 칼이라는 소리입니다. 이 칼질이 참으로 무섭습니다. 지금까지 내가 뿌려 놓은 칼질도 나에게 되돌아와 몇 백번 떨어질지 모르는데, 아직도 인정사정없이 칼질을 하고 있데서야 되겠습니까?

지금까지 멋모르고 뿌려놓은 칼질의 과보가 언제 떨어질지 모르는데, 앞도 뒤도 없이 자꾸 가족들에게 칼질을 하는 것은 참으로 감당하기 어려운 무서운 일입니다. 씨앗을 뿌릴 때에는 모르지만, 뒷탈은 감당할 수 없을 만큼 큰 파도가 되어 돌아오는 것이 우리의 일상입니다.

어떻든 공부를 순탄하게 이어가려면 흘러가는 물처럼 끊임없이 꾸준히 해야 합니다. 냇물은 처음부터 끝까지 단절없이 그대로 계속이 됩니다. 공부도 흘러가는 물처럼 단절없이 꾸준히 이어져야 합니다. 조금 힘이 들어도 그대로 계속 해야 합니다. 그대로 이어가다 보면 현재의 모습 이대로가 진리라는 것을 체험하는 날이 올 것입니다. 차츰 공부가 익어 우리의 집착이 떨어져나가고 망상이 떨어져나가면, 현재의 모습 이대로가 진리라는 것을 체험하는 날이 오게 됩니다.

내가 자주 말씀드리는 부산의 한 할머니는 언제나 고마움 속에서, 거룩함 속에서 한 평생을 사신 분입니다. 이 할머니는 물 흐르듯이 꾸준히 '관세음보살' 염불을 계속하시다가, 30대에 깜깜한 방안에 있는 촛불이 저절로 켜져 온 방안을 환희 밝혀주는 체험을 한 후로, 평생을 고마움 속에서 거룩함 속에서 사셨습니다.

우리는 아직까지 거룩하고 깨끗하고 고마운 그 세계를 못 보고 있습니다. 아직은 더럽고 짜증나고 화가 나는 '뒤범벅' 속에 있습니다. 아직은 분별 쪽에 치우쳐 있고 정진이 덜 되어 있기 때문에 이런 현상이 벌어집니다.

그러나 우리도 흘러가는 물처럼 끊임없이 꾸준히 공부를 계속 해나가면 이 자리가 그대로 거룩한 세계이고 아름다운 세계이고 고마운 세계임을 체험하게 됩니다.

마냥 행복하기만 한 영원생명 · 무한행복의 극락! 극락은 꼭 죽은 다음에 가는 세계가 아닙니다. 내 가정이 극락이요 내가 있는 자리가 극락입니다. 내 가정을 극락으로 만들고 내가 있는 자리를 극락으로 탈바꿈시켜야 합니다. 지금의 내 노력이 내가 몸담고 있는 가정을 극락으로 만드는 것임을 꼭 명심하시고, 부디 부지런히 정진하시기를 부탁드립니다.

IX
체험할 때까지 정진하라

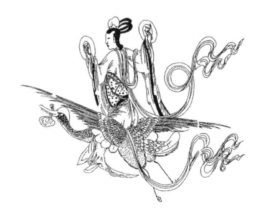

안으로 다져서 꽉 채워라

성취의 기운이 가득한 대우주

우리가 몸을 담고 있는 대우주법계는 무한합니다. 허공이 무한하듯이 무한합니다. 그야말로 공(空) 입니다. 그러나 이 공은 허무(虛無)의 공이 아닙니다. 그 공 속에는 모든 것이 갖추어져 있습니다. 불의 기운도 물의 기운도 가득 충만되어 있습니다.

어디에나 불의 기운이 있기에 두 돌을 마주 치면 불꽃이 탁탁 튀고, 거기에 섶을 대면 불길이 일어납니다. 인연만 맞으면 불이 일어나고 물이 생겨납니다.

이뿐만이 아닙니다. 이 우주에는 성취의 요소가 가득 충만되어 있습니다. 대우주법계에 성취의 요소가 가득하기 때문에, 어디에서든지 열심히 성취를 구하면 얻어낼 수 있습니다.

이 성취를 각(覺, 깨달음)으로 바꾸어 봅시다. 대우주공간에 각의 요소가 가득차 있기 때문에 참선을 해도 각을 이루어낼 수가 있고, 염불을 해도 각을 얻어낼 수가 있으며, 경을 읽어도 각을 만들어낼 수 있고, 참회 기도를 하거나 절을 부지런히 하여도 각을 만들어낼 수 있는 것입니다.

결국 대우주법계에 각(覺)의 체(體)가 가득하기 때문에 우리가 깨달을 수 있다는 것입니다. 이에 관한 한가지의 우화를 들려 드리겠습니다.

❁

따스한 봄이 되어 봄바람이 불어 오면 나뭇가지에 잎이 돋고 풀이 푸른 싹을 틔우고 붉은 꽃·흰 꽃·노란색 꽃 등이 피어납니다. 불과 며칠 사이에 삭막했던 산천이 아름답게 바뀌는 것입니다. 그런데 같은 봄바람인데도 같은 색의 꽃이 피는 것은 아닙니다. 이를 궁금하게 여긴 이가 봄을 관장하는 동쪽의 신인 청제(靑帝)를 찾아가 물었습니다.

"청제께서 봄바람을 일으키자 온 산천에 풀이 돋고 잎이 나고 꽃이 만발하고 있습니다. 그런데 왜 같은 봄바람을 맞는데 같은 색의 꽃이 피어나지 않고, 어떤 나무에는 흰 꽃이, 어떤 나무에는 붉은 꽃이 피어납니까?"

그러자 청제가 답했습니다.

"그것은 나도 모른다. 나는 따뜻한 바람만 불어서 그들의 생장을 도울 뿐, '너는 붉은 꽃을 피워라, 너는 흰 꽃을 피워라' 고 할 수가 없다."

§

이것은 봄바람이 연(緣)이 될 뿐, 인(因)이 되지 않는다는 것을 깨우쳐주는 이야기입니다. 인(因), 곧 나무의 본바탕이 흰 꽃을 피우게 되어 있는 나무이므로 연(緣)인 봄바람을 주어 흰 꽃이라는 과(果)를 보게 만든다는 것입니다.

연(緣)인 봄바람이 꽃을 희게 만들고 붉게 만들고 노랗게 만드는 것이 아닙니다. 대우주법계에 생명력이 가득 충만되어 있기 때문에, 각각의 종재[因]들이 봄바람이라는 연을 만나면 인과 연의 화합으로 각각의 꽃을 피우는 것입니다.

이처럼 대우주법계에는 성취의 기운이 충만되어 있습니다. 각(覺)의 기운이 충만되어 있습니다. 그러므로 인과 연이 화합하면 반드시 성취하게 되고 깨달음을 이룰 수 있습니다.

오히려 문제는 인(因)입니다. 나의 원력이요 마음가짐인 인의 문제입니다. 인(因)이 굳건하지 못하면 연(緣)인 봄바람이 불어와도, 또 대우주법계에 성취와 깨달음의 기운이 가득차 있어도 '나'의 결실과는 무관한 것이 되어 버립니다.

실로 기도를 하여 영험을 얻는 것도 그 영험의 요소가 대우주법계 어디에나 가득하기 때문에, 어디서든지 기적과 이적을 만들어낼 수 있고 얻어낼 수 있고 나타낼 수 있는 것입니다. 꼭 영험있는 절이나 명산대천이 아니라, 집에서 기도를 하여도 능히 이루어낼 수 있습니다.

그러므로 어디에서든 부지런히 정성껏 기도를 하면 힘을 얻고 빛을 얻고 원 성취가 이루어지게끔 되어 있습니다. 부처님의 공덕이 '나'에게 미치고 못 미치고는 '나'의 마음가짐과 노력에 달린 것일뿐, 못 이룰 기도는 원래가 없습니다. 왜냐하면 법계의 원리가 그러하기 때문입니다.

누구든지 구하면 모두가 얻게 되어 있습니다. 내 노력이 모자라고 마음가짐과 실천이 모자라서 이루어지지 않는 것일뿐, 누구는 부처님의 기적공덕을 얻고 누구는 얻지 못하게 되어 있는 것이 아닙니다. 누구는 깨달을 수 있고 누구는 못 깨닫게 되는 것이 아닙니다.

자포자기하지 말고 하기만 하면 한만큼 이루어지고 변

합니다.

'불'을 외쳐도 혀는 타지 않는다

하지만 인생살이든 불교든 생각이나 말이나 아는 것만 가지고는 해결이 안 됩니다.

세상에는 부모님께 그릇 말대꾸하고, 부모님 가슴에 못을 치는 자식들이 많습니다. 그 자식들이 '그래서는 안 된다'는 것을 몰라서 못을 치는 것이 아닙니다. 알면서도, 생각은 뻔한데도, 돌아서면 후회를 하면서도, 부모님과 맞부딪히게 되면 자신을 이겨내지 못하여 정반대의 말을 뱉어냅니다. 생각이나 아는 것만 가지고는 안 된다는 이야기입니다.

불교를 믿는 불자들도 마찬가지입니다. 불교의 가르침을 듣고 배워서 아는 것만으로는 전체가 해결되지 않습니다. 내 생각이나 내가 아는 것만큼 속 기운이 꽉 차서, 하고 싶은 것을 능히 억제하고, 화가 날만한 일에도 화를 내지 않고, 시시비비와 세상의 고난 속에서 평정을 잃지 않는 경지에 올라야 합니다. 간단한 예를 들겠습니다.

수원에 계신 홍보리심이라는 할머니는 늘 '관세음보살'을 불렀습니다. 그리고 남편되시는 분 또한 불교를 믿었습니다. 남편은 고등학교 교사를 하다가 모 신문사 기자가 되어 정년퇴직을 하신 분으로, 불교 이론에는 매우 밝았습니다. 그런데도 집안에 고민거리가 생기든지 경제적인 시련이 닥치면 얼굴이 새카맣게 변하고 입술이 바짝바짝 말라 갈라졌습니다.

하지만 평소에 늘 '관세음보살'과 함께했던 홍보살님은 달랐습니다. 남편의 박봉으로 여섯 식구가 먹고 살아야 했고 아이 세 명의 등록금을 함께 내어야 되는 어려운 때에도, 보살님은 초조해 하지 않고 조용히 앉아서 기도를 하였습니다. 물론 그때마다 어려움은 다 해결되었습니다. 보리심보살은 나를 찾아와 남편 이야기를 들려주며 말했습니다.

"스님, 한 평생을 초조하고 불안하고 바짝바짝 달면서 살아봐야 해결할 수 있는 것이 무엇입니까? 오히려 부처님을 확고히 믿고 기도하면 부처님께서 다 이루어 주시는 걸요."

홍보살의 남편은 불교의 이론뿐만 아니라 수행을 어떻

게 하는지도 잘 알고 있었습니다. 그렇지만 안으로 다져져 있지 않았기 때문에, 현실의 어려움이 닥치면 불안·초조·당황을 감추지 못했고 자신의 몸까지 편치 않게 만들었던 것입니다.

반대로 불교 이론에 그다지 밝지 못했던 홍보살님은 모든 난관을 능히 극복하고 해결하였습니다. 어려움이 있을 때마다 '관세음보살'을 염하며, 그 믿음 속에 모든 것을 맡겼기 때문입니다.

이처럼 불교나 인생살이는 아는 것만으로 해결되는 것이 아닙니다. 안으로 다져져 꽉 차야지, 아는 것만으로는 안 됩니다. 염불을 하든 주력을 하든 화두를 잡든, 아는 것만큼 속의 기운이 꽉 차든지, '나'와 공부가 둘이 아닌 차원을 체험하여야 합니다.

그와 같은 체험이 있으면 흔들리지 않습니다. 어떠한 어려움이 닥쳐와도 파닥파닥 튀지 않습니다. 그리고 흔들리지 않기 때문에 아무리 거센 바람도 그냥 지나갈 뿐, '나'를 다치게 하지 못합니다. 흔들리지 않는 데 무엇이 문제가 되겠습니까? 모두가 자연스럽게 해결될 뿐입니다.

그러므로 꼭 명심하십시오. 우리는 불[火]이 되어야 합니다. 불! 불이 무엇입니까? 모든 것을 태우는 것입니다. 그런데 '불'을 큰 소리로 외쳐본들 혓바닥이 탑니까? 혓바닥을 움직여 아무리 '불' 을 외쳐도 헛바닥은 진짜 불이 아닙니다.

이처럼 다른 것 가지고는 안 됩니다. 말이나 이론으로는 안 됩니다. 불교인이라면 '관세음보살' 을 외우든 화두를 들든 대비주를 외우든, '불' 하고 외치는 헛바닥이 아니라 진짜 불이 되어야 합니다. 활활 타올라 모든 것을 태우고 차가운 것을 따뜻하게 데우는 불이 되어야 합니다.

이러한 불이 되면 참으로 불교를 아는 불자라고 할 수 있습니다. 부처님의 등불을 잇는 참불자의 자격이 생깁니다.

결코 헛바닥으로 외치는 '불' 을 실제 불인양 착각을 하는 불자가 되어서는 안 됩니다. '내가 지금 이론적으로 불교를 얼마나 안다' 는 것으로는 안 됩니다. 막상 관세음보살을 부르든 대비주를 외우든 지장보살을 염하든, 부지런히 몰아붙여 불인지 물인지를 분명히 체험을 하고, 대우주와 '나' 가 하나인지 둘인지, 그 밑바닥을 뚫어야 참불자의 반열에 들어설 수 있습니다.

그러므로 우리는 참불자의 자리에 오를 때까지 부지런히 몰아붙여야 합니다. 마음을 다잡고 삼칠일(21일) 또는 백일기도 등을 통하여 참불자의 길을 열어 보십시오.

앉았거나 섰거나, 밥을 하거나 차를 운전하거나, 염불·

주력·화두 중에서 하나를 택하여 몰아붙여 보십시오. 그리하여 어떤 체험을 할 때까지 몰아붙여 보십시오. 입으로 외우는 '관세음보살' 이 실지로 모습을 나타낼 때까지 몰아붙여 보십시오. 틀림없이 됩니다. 열심히 하십시오.

스스로 체험을 하고 참불자가 되면 인생살이가 참으로 편안해 집니다. '나' 뿐만 아니라 주위의 모든 사람들까지 극락으로 바뀌는 것입니다.

삼매를 체험하면

이 자리가 극락으로

극락(極樂)! 불교는 극락을 추구하는 종교입니다. 그런데 그 극락이 어디에 있습니까? 『아미타경』에서는 "서쪽으로 10만억 국토를 지나가면 극락세계가 있다"고 하였습니다. 그렇다면 내가 있는 자리에서 서쪽으로 서쪽으로 나아가 10만억 국토를 지나가야만 극락세계가 펼쳐지는 것일까요?

아닙니다. '서쪽'이라 함은 동양의 오행사상(五行思想)에서 볼 때 금(金)에 해당하며 흰색을 상징합니다. 흰색, 곧 깨끗한 쪽으로 나아간다는 뜻입니다. 욕심과 분별 때문에 나쁜 업을 짓고 원한을 품는 이 땅에서 부터 바르고 착하고 깨끗한 쪽으로 나아간다는 뜻입니다.

그리고 '10만억 국토를 지나간다'고 할 때의 '10'은 십악업(十惡業)을 가리킵니다. ①살생 ②도둑질 ③삿된음행 ④거짓말 ⑤욕설 ⑥이간질 ⑦아첨 ⑧탐욕심 ⑨분노심 ⑩어리석은 생각 등의 열 가지를 십악업이라 합니다.

중생인 우리가 십악업을 극복하기란 쉽지가 않습니다. 완전히 극복하기가 용이하지 않습니다. '거짓말을 하지 말아야지', '욕심을 부리지 말아야지' 결심하고 또 결심하지만, 결심대로 되지를 않습니다.

'말아야지' 하면서 또 저지르고, '안해야지' 하면서 또 되풀이하게 됩니다. 끊임없이 노력해야 그릇됨을 완전하게 떠나기 때문에 『아미타경』에서는 '10' 뒤에 '만억'을 붙여 10만억 국토를 지나가야 극락이 있다고 한 것입니다.

바르고 착하고 깨끗하게 살기 위한 끊임없는 반복! 극락은 그와 같은 끊임없는 반복, 끊임없는 수양의 결과로 나타나는 것입니다. 몇 번 해보고 되지 않는다고 하여 포기해 버리면 극락은 '나'와 완전히 멀어져버리지만, 끊임없이 스스로를 챙기다보면 지극히 행복한 극락세계가 지금 우리 앞에 저절로 펼쳐지게 되는 것입니다.

우리는 극락에 대해 또 한 가지 착각을 합니다. 그 착각은 극락이 무지무지 즐겁고 기쁨이 넘치는 세계라고 생각하는 것입니다. 그러나 극락은 쾌락의 세계가 아닙니다.

괴로움에 대응하는 즐거움이 가득 채워진 세계가 아닙니다.

그럼 극락은 어떠한 세계인가? 그냥 괴로움[苦]이 떨어져 나간 자리가 극락입니다. 낙을 받는 세계가 따로 있는 것이 아니라, 상대적인 괴로움이 모두 다 떨어져나가 일체의 고통이 없어져버린 자리가 극락입니다.

우리 인간은 망상 속에서 이것과 저것, 고와 낙, 행복과 불행을 나누며 살아갑니다. 일정한 시간과 공간을 만든 다음 모든 것을 쪼개고 나누며 살아갑니다. 그런데 염불을 하거나 참선을 하거나 기도를 하다보면, 시간과 공간이 모두 사라진 삼매의 자리에 들 때가 있습니다. 그 자리에 극락이 있게 되는 것입니다. 나의 체험을 예를 들겠습니다.

❀

출가하고 얼마 지나지 않아 해인사 강원에서 공부할 때, 나는 '옴 마니 반메홈' 육자주(六字呪)를 외웠습니다. 사람들이 없으면 소리 내어 외웠고, 사람들이 있으면 속으로만 했습니다. 절 마당을 거닐든 밭에 가든, 예불하러 가든 밥을 먹든, 경전 공부를 하는 틈틈이 육자주를 놓지 않고 계속했습니다.

약 1년이 지나 초겨울에 접어들 무렵, 속으로 육자주를 외우며 대적광전 축대 위에 올라서서 극락전 쪽을 바라보는 순간이었습니다. 시간이 멈춘 듯하였고, 갑자기 눈앞의 모든 것도 사라졌습니다. 앞에 있던 산도 옆의 대적광전도 밑의 마당도 뒤쪽의 건물도 모두 없어지고, 수천만 리의 끝없는 평지가 펼쳐졌습니다.

약간 옅은 황금색을 띤 누르스름한 대지가 수천만 리 펼쳐져 있는데, 그 대지의 끄트머리에 범자(梵字)로 된 '옴 마니 반메훔' 여섯 글자가 해돋이처럼 뻘겋게 솟아나 공중에 똑바로 서 있는 것이었습니다.

'내가 서 있다'는 생각도 없이 그 자리에 서서 해처럼 뻘겋게 솟아 있는 여섯 글자를 쳐다보고 있었습니다. 그 시간이 나에게는 굉장히 긴 것처럼 느껴졌는데, 마침 도반스님이 등을 두드렸습니다.

"여기서 뭐하고 서 있나? 빨리 예불하러 가야지."

순간, 나는 다시 현실로 돌아왔습니다. 잠시 주위가 깜깜해지더니, 산과 건물과 마당이 다시 확인되었습니다. 그 시간이 나에게는 한없이 길게 느껴졌지만, 실제로는 불과 5분도 못되는 시간이었습니다.

이 체험이 있고 난 다음 나의 공부는 크게 향상이 되었으며, 지금 극락에 대해 감히 힘주어 말할 수 있는 것도 시간과 공간을 뛰어넘은 이러한 체험이 있었기 때문입니다.

§

시간과 공간을 뛰어넘은 삼매의 세계! 이러한 삼매를 체험하면 극락이 펼쳐집니다. 고통에 상대되는 즐거움의 세계가 아니라, 괴로움이 영영 떨어져버린 극락이 펼쳐지는 것입니다.

그러므로 독경·주력·참선·염불 등 어떤 공부를 하든 삼매를 체험하고 확신을 이룰 때까지 밀고 나가야 합니다. 분명히 체험이 있고 나면 그 어떤 괴로움도 괴로움이 아니게 되며, 자신감이 생겨 공부가 크게 향상이 됩니다.

그렇게만 해!

하지만 중생은 이 몸뚱이를 중심에 두는 삶을 살고 있습니다. 불쑥불쑥 일어나는 번뇌망상을 좇아가는 삶을 살고 있습니다. 그래서 몸이 고달파 공부를 멈추고 번뇌 때문에 공부를 멈춥니다. 몸 편한 것을 찾아, 일어나는 번뇌를 좇아 다른 것에 마음을 맡기는 것입니다.

이러한 때를 당하면 흔들리기 시작합니다. 흔들리면 공부가 되지 않고, 공부가 되지 않으니 마음이 답답해집니다. 그리고 이러한 과정을 거치다가 염불·참선·주력 등의 공부를 포기해 버립니다. 스스로의 무능뿐만이 아니라 그 공부 자체를 불신하면서….

그런데 이렇게 흔들리고 답답해질 때 선지식을 찾아뵙고 방법을 여쭈면 참으로 의외의 답을 주십니다.

"그렇게만 해!"

이제까지 했던 것처럼 그렇게 계속하면 된다는 말씀입니다. 그렇습니다. 나 또한 '그렇게만 하라'는 말 외에 따로 이야기해 줄 것이 없습니다. 그렇게만 계속하면 되기 때문입니다.

"그렇게만 해!"

우리 중생들은 무엇인가를 조각내는 버릇에 길들여져 있습니다. 그래서 무엇이든 자꾸만 분별하고 갈라놓습니다. '관세음보살'을 부를 때도 마찬가지입니다. 관세음보살을 부르는 '나'와 대상인 관세음보살을 갈라놓습니다. 그리고 대상인 관세음보살님을 나름대로 평가하고 매달리고 또 소원이 성취되지 않을까 불안해합니다. 집중이 되지 않을수록 자꾸만 조각을 내는 것입니다.

병은 바로 이것입니다. 조각을 내고 분별을 하고 갈라놓는 것이 병입니다. 그럼 어떻게 해야 이 병이 치유되는가? 그냥 하는 수밖에 없습니다. 조각내지 말고, 분별하지 않고 '그렇게만' 하다가 보면, 어느 날 문득 삼매를 체험하게 됩니다.

'지장보살'을 불러도 좋고 '옴 마니 반메훔'을 해도 좋습니다. 불교의 많은 공부방법이나 기도방법 가운데 어느 한 가지를 선택하여 꾸준히 물 흘러가듯 계속 해 보십시오. 의식적으로 그것을 하고 있는 동안은 체험을 하지 못하지만, 의식적으로 자꾸 하여 습관이 되고 완전히 익으면 저절로 제3의 세계를 체험하게 됩니다.

단, 의식적으로 제3의 세계를 체험하려고 하면 안 됩니다. 관세음보살이든 화두든, 물 흐르듯이 꾸준히 할 수 있게 되면 생각도 의식도 없는 그때 저절로 시간과 공간을 뛰어 넘은 제3의 세계를 체험하게 됩니다.

그래서 옛 어른들은 '그렇게만 하라'고 말씀하신 것입니다. '안 된다 · 된다'를 따지지 말고 꾸준히만 계속하면 모든 분별을 떠난 한 덩어리의 삼매를 이루어, 반드시 대자재의 경지를 체험하게 된다는 말씀입니다.

꼭 기억하십시오. 염불을 하든 화두를 들든 주력을 하든, 처음에는 의식적으로 부지런히 몰아붙여야 합니다. 그렇게 의식적으로 부지런히 집중을 하다가 보면 몸의 고달픔도 잊고 온 생각이 거기에 집중이 되어 '잠이 온다, 낮이다, 밤이다'도 잊게 됩니다. 이렇게 그 공부와 한 덩어리가 되면 동요됨도 흔들림도 없는 제3의 세계를 반드시 체험하게 됩니다.

이때 주의할 점은 제3의 세계를 조금 체험하였다고 하여 그 공부를 그쳐버리면 안 된다는 것입니다. 그쳐버리면 속아 넘어가서 '도로 아미타불'이 되는 수가 허다합니다. 그러므로 탐심·진심·치심이 완전히 사라질 때까지, '나'에게 맞는 것과 거슬리는 것 등, 그 어떠한 것에도 무심(無心)해 질 때까지 계속해야 합니다.

불교는 아는 것만 가지고는 안 됩니다. 염불도 참선도 주력도 기도도 경전공부도 부지런히 익혀서 한 덩어리가 되어야 합니다. 헛바닥으로 외치는 '불'과 타오르는 불은 완전히 다릅니다. 그 타오르는 불과 한 덩어리가 되어야 합니다.

부디 입으로만 '불'을 외치지 말고 부지런히 정진하십시오. 쪼개고 나누는 삶이 아니라 제3의 세계를 체험할 때까지 정진하십시오.

일상의 소소한 고민, 소소한 고통, 소소한 일에 흔들리지 말고, 대범한 마음으로 부지런히 한 가지 공부를 해나가십시오. 그렇게만 하면 모든 괴로움에서 해탈하는 세계, 곧 극락을 체험할 수 있게 됩니다.

흔들리지 않고 물 흐르듯이 이어가는 것! 이것이 공부성취의 비결이라는 것을 꼭 명심하시어, 무량겁의 복덕을 쌓으시기 바랍니다.

X
생사일여의 세계로

건너다보지 말아라

막존지해(莫存知解)

자주 부탁드리는 말씀이지만, 불자들은 남을 건너다보면 안 됩니다. 건너다보지 마십시오. 남을 건너다보면 언제나 실망을 하게 되어 있습니다. 남을 건너다보면 언제나 손해를 보게 되어 있습니다. 그러니 속지 마십시오. 언제나 근본 불성(佛性) 자리에 머물러야 합니다.

사찰의 입구에 있는 산문(山門)에는 다음과 같은 글이 새겨져 있는 것을 쉽게 볼 수 있습니다.

此入門者 차입문자

莫存知解 막존지해

이 문에 들어오는 자는

앎음알이를 두지 말라

깨달음의 집안, 부처님의 집안인 불교 문중에 들어오고자 하면 '지해(知解)를 두지 말라, 알음알이 · 분별의식을 두지 말라' 는 뜻입니다. 쉬운 이야기같지만, 알음알이를 두지 말라는 뜻은 우리가 흔히 생각하는 번뇌나 망상을 두지 말라는 의미와는 다릅니다. 이보다 한 단계 더 나아가, '주관과 객관에 대한 분별을 일으키지 말라' 는 이야기입니다.

우리가 '관세음보살' 염불을 하다 보면 '관세음보살'에 대해 생각을 일으키는 주체와 염불의 대상인 '관세음보살' 로 둘이 나누어지게 됩니다. 이를 불교 용어로는 능(能)과 소(所)라고 하는데, 능은 주관이요 소는 객관입니다. 곧 주관과 객관이 갈라지게 되는 것입니다.

'이 뭐꼬?' 라는 화두를 들고 있을 때도, '이 뭐꼬' 라는 생각을 일으키는 주체가 있고, '이 뭐꼬' 라고 하는 대상이 있게 됩니다. 이렇게 주체와 객체, 능(能)과 소(所)가 벌어지면 못 쓴다, 바람직하지 않다는 것이 '막존지해' 에 담긴 의미입니다.

화두를 하면 화두 하나에, 염불을 하면 염불 하나에 똘똘 뭉쳐져야 합니다. 관세음보살을 부르든 지장보살을 부르든 이 뭐꼬를 하든, 결코 '주관과 객관을 나누는 생각을 일으키지 말라.' 이것이 이 문중에 들어오면 지해를 두지 말라[此入門者 莫存知解]는 이야기입니다. 우리가 계속 알음알이, 곧 분별심 속에서 허우적거리면, 염불을 하는 것 같고 화두를 하는 것 같으면서도 실제로는 화두도 염불도 제대로 되지 않는 상태에 놓일 뿐입니다.

실로 대우주 자체는 하나이기 때문에 주관과 객관이 벌어질 까닭이 없습니다. 동시에 주관과 객관이 나누어지지 않은 '나'는 곧 대우주 자체입니다. 대우주 자체가 곧 그대로 '나'입니다. 불교에서 흔히 '나요 내 마음'이라고 하는 그것은 모양도 없고 빛깔도 없고 소리도 없고 냄새도 없고 잡을 수도 없고 떨칠 수도 없는 것입니다.

이것이 불교에서 이야기하는 '나요 내 마음'입니다. 모양도 없고 잡을 수도 없는 여기에 무슨 부처가 있고 중생이 있겠습니까? 어떠한 알음알이도 여기에는 붙을 수가 없습니다. 그래서 여기에 들어오려면 지해(知解)를 두지 말라고 한 것입니다. 대우주 자체에 갖추어져 있는 본래 모습 그대로 똘똘똘 뭉쳐져 있어야 할뿐, 달리 의식을 움직여서 망상을 두어서는 안 된다는 뜻입니다.

그런데도 우리는 언제 어디에서나 주관과 객관을 나눕니다. 먼저 물질세계인 몸과 정신세계인 마음을 분리시킵니다. 그리고 물질세계에 주춧돌을 두면서 이것저것을 자꾸 생각하게 됩니다.

하지만 불교의 문중에 들어온 사람들은 지해를 두지 말아야 합니다. 분별하거나 쪼개는 것이 아니라 염불 하나에, 화두 하나에 똘똘똘 뭉쳐져야 합니다. '관세음보살'을 부르건 '지장보살'을 부르건 '이 뭐꼬'를 하건, 똘똘똘 뭉쳐져서 한 덩어리가 되어야 합니다. 몸이 조용할 때는 되고 몸이 움직일 때는 안 되고…. 이렇게 조각이 나서는 안 됩니다.

먼저 몸을 움직일 때나 몸이 조용할 때나 한결같이 한 덩어리가 되는 동정일여(動靜一如)가 되어야 합니다.

그 다음 단계가 어묵일여(語默一如)입니다. 흔히들 말을 하지 않을 때에는 염불이든 화두든 한 덩어리가 잘 되는데, 다른 사람과 대화를 할 때에는 화두가 도망을 가거나 염불이 뚝 끊어져버리는 상태가 되어버립니다. 그러므로 더욱 부지런히 애를 써서 말을 할 때나 침묵하고 있을 때나 한결같은 어묵일여의 경지가 되도록 만들어야 합니다.

그 다음에는 낮 시간에 잘 끌고 가다가 밤에 잠을 잘 때 뚝 떨어져버리는 고비를 넘겨서, 활동할 때처럼 잘 때도 한결같이 공부가 되는 오매일여(寤寐一如)를 이루어야 합

208

니다. 이 고비를 넘기고 나면 목숨이 다하여 이 몸뚱이가 떨어져 나가고 그 다음의 새로운 몸을 받을 때까지도 한 덩어리로 연결이 된다고 합니다. 이것을 생사일여(生死一如)라고 합니다.

낮 시간에 움직이거나 대화를 하거나 밥을 먹거나 하는 동안에는 염불이나 화두가 끊어지지 않고 연결이 되는데, 잠을 자는 동안에는 끊어진다면 아직 안심할 수 있는 차원이 아닙니다. 잠자는 속에서도 염불이나 화두가 끊어지지 않고 계속될 만큼은 해야 합니다. 그래야만 이 몸뚱이 끝나고 다음에 새 몸뚱이 얻을 때까지 연결이 됩니다.

출가 승려도 아닌, 사회생활을 하는 분들에게는 참으로 어려운 수행이지만 하시면 됩니다. 하지 않기 때문에 되지 않을 뿐, 꾸준히 하면 반드시 이루어집니다. 실제 머리를 깎은 스님네들도 잘 되는 분이 드뭅니다.

꾸밈없이

그래서 나는 공부를 하고자 하는 분들께 '절대로 남 쪽을 건너다보지 말라'고 합니다. 좋은 말 많이 하고 좋은 법문 많이 들으면 혀와 귀는 극락세계로 가겠지만, 나머지는 업따라 갈 것입니다.

그렇지만 남이 지옥을 간다고 나도 따라서 지옥을 갈 수는 없습니다. 남이 지옥을 가든지 말든지, 나는 내 할 일을 하면 됩니다. 그것이 극락 가는 길입니다. 옆을 쳐다 보고 '아이고, 스님네도 저러는데' 하다가는 내 신세를 망치게 되는 것입니다. 그래서 옛날부터 '선지식은 멀리서 친견하라'고 했습니다. 모습을 직접 쳐다보면 신심이 떨어질 수도 있으니, 멀리서 기대를 갖고 법문만 잘 들으면 된다는 것입니다.

나는 1946년에 절 집안으로 들어와서 소위 근래의 도인 스님이라는 어른들을 거의 다 모시고 살았습니다. 이 어른들을 모시고 있을 때 참으로 고약하게도, 공부보다도 이분들의 끄트머리 모습이 먼저 눈에 들어오게 되었습니다. 한석 달을 지내고 나면 이 어른들의 생활이 먼저 눈에 들어오는 것입니다.

내가 모신 어른들 중에서는 금봉(錦峰) 노스님이 가장 거룩한 어른이라는 생각이 듭니다. 남의 앞에서나 뒤에서의 생활이 다르다는 것은 아직 공부가 덜 되었다는 증거인데, 이 어른은 일상생활에 있어 안과 밖이 없었습니다. 신도들 앞이건 스님네 앞이건, 남자 앞이건 여자 앞이건 꾸밈이라는 것이 조금도 없었습니다.

설사 진리를 깨쳤다고 하고 도를 깨쳤다고 해도 원인과

결과, 곧 인과(因果)의 테두리를 벗어나지 못하면 꾸밈이 붙게 됩니다. 인과의 테두리를 완전히 벗어나버린 도인이라야 안팎의 꾸밈이 없어져 버리고 '나'를 가리는 커튼이 모두 없어져, 생사일여의 경지에 이르게 됩니다.

움직이거나 말을 할 때도 공부가 끊어지지 않고, 심지어 잠을 잘 때에도 이 공부가 끊어지지 않을 만큼 된다는 어른들까지도 인과의 테두리를 벗어나기는 어렵습니다. 원인과 결과의 도리라는 것은 그렇게 무서운 것입니다. 마지막에 이 몸뚱이를 시원스럽게 벗어버리고 자신있게 새로운 몸뚱이 덮어쓰는 법을 모른다는 이야기가 됩니다.

누구나 집은 비워줘야 됩니다. 이 육신은 언젠가 벗기 마련입니다. 그래서 내가 늘 불자들에게 '예금 부지런히 해 놓으라'는 부탁을 드립니다. 내 자신에게도 얼마 전부터 '집 비워내라'는 독촉장이 살살 오고 있습니다. 그런데 지금의 전셋집을 비워주고 다음에 지금보다도 더 좋은 집을 얻어 갈지 어떨지는 나도 자신이 없습니다.

지금은 젊다고 하시는 분들도 언젠가는 집을 비워줘야 됩니다. 다음에 들어갈 집이 지금보다 더 좋은 집이 될지, 네 발로 기는 집으로 들어갈런지는 아무도 자신을 못합니다. 자신을 하려면 마지막 단계인 생사일여의 고비를 넘겨야만 됩니다. 잠자고 일어나는 속에서도 공부가 안 끊어질

만큼 몰아 붙여서, 마지막 이 몸뚱이 벗을 때에 안 끊어지면 되는 것입니다.

처음에는 힘이 듭니다. 하지만 몰아 붙여 보십시오. 틀림없이 됩니다. 일상생활 속에서 마음공부 쪽을 하다 보면 생활인으로서의 책임이 빠져 버리고, 반대로 생활에서의 책임을 다하다 보면 공부가 완전히 달아나버리는 두 갈래 길에서 허우적허우적 하실 것입니다. 그러나 몰아 붙이면 됩니다. 생각은 한 쪽 것만 하는 것 같은데, 거의 무의식 상태에서 다른 쪽이 습관적으로 됩니다.

불교 문중에 발을 들여 놓은 우리 불자들의 다음 집은 지금의 집보다 더 좋아야 합니다. 그렇게 되려면 힘이 들어도 자기가 하고 있는 공부를 몰아 붙여야 합니다.

절대로 남을 건너다보지 말고, 내 공부 내가 하십시오. 남이 내 일을 해주지 않습니다. 가슴을 쥐어 짜든 말든, 심장이 파닥파닥 뛰든 말든, 통곡을 하든 말든, 내 일은 내가 해야 합니다.

아무도 내 일을 대신해 줄 사람은 없습니다.

내가 배고플 때에 곁의 사람이 밥을 먹는다고 내 배가 불러집니까? 내가 화장실 가고 싶을 때 대신 가 줄 사람이 있습니까? 수명이 다했을 때 이 몸뚱이 바꾸는 일을 어느 누가 대신 해 줄 수 있습니까?

내가 뿌린 씨앗은 내가 거두어야 합니다. 좀 힘이 들더라도 부지런히 부지런히 공부를 해서, 절에 다녔다는 인연으로 다음 집을 얻을 때에는 지금의 집보다 좋아져야 됩니다.

20여 년 전 양산 내원사의 석불노전에 계셨던 노스님께서 고양이가 죽은 뒤 49재를 지내주고 난 다음에 영단 쪽의 고양이 위패를 쳐다보면서 눈물을 글썽이며 하신 말씀이 생각납니다.

"복이 없어도 좋으니까 인간으로 오너라. 인간으로 오면 복을 지을 기회라도 있고 참회할 기회라도 있지만, 네 발 가진 나라에 가버리고 나면 이것도 저것도 할 수 없다. 복이 없어도 좋으니까 인간으로 오너라. 네 발 가진 나라로는 가지 말아라."

비록 복이 모자랄지라도 인간으로 다시 와야지, 인간의 집을 잊어버리고 네 발 가진 나라로 가서는 안 됩니다. 그렇게 하려고 하면 좀 더 부지런히 부지런히 업장 참회를 하건 염불을 하건 기도를 하건 봉사를 하건, 자꾸자꾸 복을 닦아야 합니다. 복을 닦지 않으면 뜻과 같이 되지 않습니다.

그러나 남을 건너다보면 복도 닦지 못하고 내 공부도 못합니다. 남을 믿거나 남을 의지하거나 남을 쳐다보지 마십시오. 어떻게 하든 부처님의 가르침을 가까이 해서 부지런히 부지런히 정진할 뿐, 건너다보지 마십시오.

우리는 근기가 약하기 때문에 자꾸 건너다보게 됩니다. 자꾸 건너다보면서 이 핑계 저 핑계를 대고 그에따라 업을 짓게 됩니다. 늘 약은 꾀에 속아 넘어가는 것입니다. 그렇게 되면 우리에게 올 한없는 복과 지혜는 영원히 멀어지고 맙니다.

아주 사소한 일 하나하나로 복을 깎아내리기도 하고 복을 쌓기도 합니다. 늘 몸[身]과 말[口]과 뜻[意]의 삼업(三業)을 조심하여, 일상생활에서 복을 털지 말고 복을 닦아 가시기 바랍니다.

보인다 말하지 말아라

또 한 가지, 공부를 함에 있어 주의해야 할 점에 대해 이야기 하겠습니다.

불교 공부를 하다 보면 어떤 고비가 찾아오게 됩니다. 기도를 하든 염불을 하든 절을 하든, 어느 단계에 가면 눈앞에 안 보이던 것이 능히 보일 때가 있습니다.

그럴 때에, 내 눈에 보이는 것을 표현을 해야 할지 말아야 할지는 당사자가 결정을 내려야 합니다. 차라리 모르면 편안할 텐데, 알아서 더 걱정거리가 생기게 됩니다.

그런데 이 경우, 절 집안에서는 절대로 말을 못하게 합니다. 생각 같아서는 신통력을 얻어 안 보이는 것이 다 보이게 되면 홀가분하고 좋을 것 같지만, 입장이 곤란한 것을 쳐다보면 차라리 모르는 게 낫다는 이야기입니다.

가령 아버지가 죽어서 소나 개가 되어 우리 집에 온 것이 보인다면 모르는 게 낫고 안 보이는 게 낫다는 이야기입니다. 그러므로 기도하면서 무엇을 자꾸 알려고 하지 마십시오. 설령 자신의 눈에 그렇게 비치었다고 해도 절대입을 열어서는 안 됩니다.

요즘 사회에서는 남이 못 보는 것을 조금 쳐다보고는 그것을 큰 자랑인듯 하고 다니는 분들이 더러 있습니다만, 실제에 있어 그는 못 보는 것이 더 많고 못하는 것이 더 많습니다. 뿐만이 아닙니다. 모르고 지나갈 일도 조금 알게되면, 욕심 때문에 더 큰 재앙을 만들기도 합니다.

❀

석가모니불께 귀의하여 불교교단에 큰 힘이 되었던 중인도 마갈타국의 빈바사라왕과 그 아들 아사세와의 인연설화입니다.

빈바사라왕은 나이 사십이 될 때까지 아들이 없었습니다.

'나에게는 아들 복이 없는 것일까? 있다면 언제가 그때인가?'

왕은 혼자 고민을 하다가 점성가를 불러 점을 치게 했습니다.

"대왕이시여, 비부라산에 있는 수도자가 죽으면 대왕의 아들로 태어날 것이니, 그때까지만 기다리소서."

그러나 욕심이 발동하여 한시라도 빨리 아들을 얻고 싶었던 왕은 비부라산으로 달려가 수도자를 찾았습니다.

"선인이시여, 당신과 나는 부자(父子)의 인연이 있다고 합니다. 이제 나이가 많이 드셨으니, 곧 몸을 바꾸어 태어남이 어떠하올지요?"

대왕의 물음에 수도자는 단호히 답했습니다.

"대왕이시여, 나는 아직 3년을 더 살 수가 있소. 3년이 지난 다음 만납시다."

몰랐으면 어떠한 일도 일어나지 않았을 것을! 씁쓸한 감정을 안고 궁으로 돌아온 왕은 생각했습니다.

'어차피 나의 아들이 될 사람이면 3년을 더 사나 지금 죽으나 마찬가지 아닌가. 차라리 지금 죽여 왕궁에서 하루라도 더 편하게 지낼 수 있도록 하는 것도 좋으리라.'

자신의 욕심에 맞게 생각을 합리화시킨 빈바사라왕은 믿을만한 신하를 시켜 비부라산의 수도자를 죽였고, 마침내 아사세태자가 태어났습니다.

아사세태자는 장성할 때까지, 밝은 정치로 국민들을 평등하게 보살피는 빈바사라왕을 무척이나 존경하고 따랐습니다. 그러나 전생의 원결은 어찌할 수 없음인지, 장성

한 아사세의 마음에는 부왕에 대한 알 수 없는 파도가 일어나기 시작했습니다. 그때 부처님의 사촌인 제바달다로부터 '부왕의 자리를 빼앗아 왕이 되라' 는 제안을 받았고, 지하 감옥에 갇혀 있던 죄수로부터 '약 20년 전에 빈바사라왕의 명을 받아 수도자를 죽인 사실' 을 알게 되었습니다.

태자는 참을 수 없는 분노에 휩싸여 부처님을 만나고 돌아오는 부왕을 지하 감옥에 가두었으며, 끝내는 부왕을 굶겨 죽였습니다.

§

성군으로 추앙받았던 빈바사라왕의 욕심이 불러일으킨 업보는 가장 사랑한 아들에 의한 죽음이었습니다. 예언자로 인해 아들로 태어날 이를 몰랐다면 결코 일어나지 않았을 일이요, 빨리 아들을 갖겠다는 욕심만 없었어도 면할 수 있는 업보였습니다.

이렇듯 우리의 욕심은 무서운 것입니다. 하물며 '무엇을 알고 싶다' 는 망상을 가지거나 '무엇을 알게 된다' 는 기대를 걸고 기도나 참선을 해서야 되겠습니까? 그리고 설혹 무엇이 보일지라도 '보인다' 고 말하지 마십시오.

기도나 참선을 하다보면 식(識)이 맑아져서 안 보이는

것들이 보이게 되고 모르는 일들을 알게 되기도 합니다. 그러나 절대로 기도나 참선 중에 무엇을 알려고도 하지 말고, 혹 그런 일이 비치더라도 절대로 입을 열어서는 안 됩니다.

이러한 고비는 잠깐 왔다가 가버리는 것입니다. 지나가는 하나의 과정일 뿐입니다. 지나가는 과정이기 때문에 처음부터 입을 다물고 조심하는 것이 낫습니다. 오직 한 생각으로 집중해서 공부를 지어나가야 합니다. 기도나 참선을 하는 도중에 공부에 방해를 일으키는 이런 일이 벌어져도 모른 척 지나가야 합니다.

남들이 보지 못하고 듣지 못하는 특별한 것이 보이고 특별한 것이 들리는 것은 모순이 얽혀 있는 사바세계의 일입니다. 이 사바세계의 일은 기대를 가지고 욕심을 가지고 할 일이 아무것도 없습니다. 이런 가시덤불은 차라리, 그저 눈 딱 감고 기도만 하면서 어떤 일에도 흔들리지 않도록 단속하며 가야 합니다.

무엇이 조금 보인다거나 귀에 예언이 들린다거나 하는 일들은 아무 소용이 없을 뿐만 아니라, 오히려 재앙을 불러오게 되므로 애당초 모른척 하고 그대로 넘겨버려야 합니다.

모른척 하고 넘기게 되면 조금 장난을 치다가 저절로 다 떨어져 나가 버립니다. 그러나 거기에 혹해서 눈에 비치는 대로 귀에 들리는 대로 길흉화복을 일러 주다가는, 아무런 대책도 서지 않고 난감한 일만 생기게 됩니다.

기도를 하거나 참선을 하다 보면 이런 고비가 찾아오는데, 이런 것들은 모두 우리를 속이는 일입니다. 그러므로 이러한 병통(病痛)에 떨어져서는 안 됩니다.

어떤 일에도 흔들리지 마십시오. 그저 내가 공부해나가는 염불이나 참선 등을 놓치지 말고 그대로 붙들고 가야합니다. 내 눈 앞에 무슨 일이 벌어져도 그대로 덮어버리고 지나가버리면 머지 않아 모두 떨어져나갑니다.

반대로 거기에 속아서 흔들리다 보면 장난에 휘말려들게 됩니다. 우리 마음을 굳게 믿고, '좋거나 나쁘거나 나는 이렇게만 해 나간다' 는 마음으로 밀어붙여야 합니다.

부디 잊지 마십시오. 불교를 무엇이 알아지는 종교로 착각을 하거나 기대를 걸면 아주 엉뚱한 쪽으로 가버리게 됩니다. 기도를 하거나 참선을 하는 도중에 혹 이런 장난이 벌어질 수 있다는 것을 미리 알아서, 그런 고비가 오더라도 절대 흔들리지 말고 하던 공부 그대로 해나가기를 부탁드립니다.

어떤 고비가 찾아오더라도 흔들림 없이 믿음으로 굳건히 밀고 나가는 것과 더불어, 남을 건너다보지 말고 자기

공부 자기가 그대로 밀어붙이면 차츰 차츰 공부가 무르익
게 됩니다.

　부디 정진하고 또 정진하여 동정일여 → 어묵일여 → 오
매일여의 단계를 넘어, 마지막 생사일여의 경지로 나아가
게 되기를 축원 드립니다.

　나무마하반야바라밀

附
·
종체기용 섭용귀체를 생활화하자

　이 세상의 모든 것은 근본이 되는 체(體)와 근본에서 비롯된 작용[用]이 있습니다. 체로부터 생명을 받아 작용으로서의 일평생을 살다가, 죽음과 함께 다시 근본 체로 돌아갑니다. 한 해를 살 때도 마찬가지입니다. 입춘을 맞아 체로부터 새 기운을 받기 시작하여 사계절을 누리다가 다시 체로 돌아갑니다. 하루의 삶도 이 원리를 벗어나지 않습니다. 이것을 불교에서는 종체기용·섭용귀체(從體起用 攝用歸體)의 법칙이라고 합니다.

　종체기용은 '근본인 체(體)를 좇아 작용을 일으킨다'는 말입니다. 고요한 근본자리에서 작용을 일으킨다는 것입니다. 섭용귀체는 '작용을 거두어 근본인 체로 돌아간다'는 뜻으로, 일체의 움직임을 모두 다 포섭하여 본 자리로 되돌아간다는 것입니다.

안과 밖으로 따질 때에는 안이 체(體)가 되고 밖이 용(用)이 됩니다. 주인과 객으로 따질 때는 주인이 체가 되고 객이 용이 됩니다. 방향으로 따질 때는 왼쪽이 체가 되고 오른쪽이 용이 됩니다.

우리가 잠을 자는 시간은 대우주의 본체로 돌아가 함께하는 것을 상징하고, 낮에 활동하는 시간은 대우주의 작용, 곧 움직임을 상징합니다. 그래서 옛어른들은 아침과 저녁의 행동을 구분 짓는 경우가 많았습니다.

우리 속담에 "마당을 쓸어주고 뺨을 맞는다"는 말이 있습니다. 예전에는 절집안이 아니더라도 꼭 아침 마당은 안에서 밖으로 쓸어내고 오후 마당은 밖에서 안으로 쓸어들어 왔습니다. 이것이 바로 불교의 '종체기용 섭용귀체'의 법칙을 그대로 적용한 예인데, 불교를 모르는 세속인들도 이것만은 꼭 지켜왔습니다.

곧 아침에는 근본인 체로부터 작용이 펼쳐진다고 하여 집안에서 집밖으로 빗자루질을 하고, 저녁에는 작용을 근원으로 거두어 들인다고 하여 바깥에서 안쪽으로 비질을 한 것입니다.

이것은 우리의 생활을 법계의 원리에 맞춘 것입니다. '오전에는 밖으로 쓸고 오후에는 안으로 쓸라'고 가르쳤던 윗대 어른들의 말씀을 그대로만 하여도 대우주의 법칙에 어긋남이 없이 법을 지킬 수가 있습니다. 그런데도 요사이 젊은이들은 이런 점을 너무 모르고, 또한 무시해버리는 것 같아 매우 안타깝습니다.

'종체기용하고 섭용귀체하는 법'은 대우주법계의 원리와 하나가 되는 가르침으로, 절 집안의 모든 생활에 적용되어 왔습니다. 절집안의 행동 하나 하나를 법계의 이치에 그대로 적용시킨 것입니다.

새벽의 도량석을 할 때에도 큰 법당 등 어느 한 곳을 기점으로 삼아 왼쪽[體]에서 오른쪽[用]으로 돌아가는 종체기용을 따랐고, 저녁에는 오른쪽[用]에서 왼쪽[體]으로 거두어 돌아가는 섭용귀체의 원리를 적용시켰습니다.

도량석 목탁소리도 마찬가지입니다. 처음에는 여리게, 차츰 크게 두드리기를 세번 반복합니다.

체에서 용이 일어나기 시작한다는 것을, 어둠이 가고 밝음이 온다는 것을, 부드러운 달에서 강한 해의 기운으로 변화한다는 것을, 음에서 양의 세계로 나아간다는 것을 상징화하여, 처음에는 목탁을 작은 소리로 약하게 두드리다가 차츰 크게 두드리는 것입니다.

예불을 드릴 때에도 새벽시간에는 체인 부처님전에 먼저 예불을 한 다음 관음전 · 지장전 · 칠성각 · 산신각 등의 각 단으로 나아가고, 저녁에는 각 단 예불을 먼저 올린 다음 마지막으로 큰법당의 부처님께 절을 합니다.

큰 절에서 사물(四物)을 칠 때에도 이 원리는 그대로 적용됩니다. 아침에 치는 북은 '활타(活打)'라고 하여, 소리 없음[體]에서 큰소리로 나아감[用]을 상징화시켜 두드립니다. 자연 처음에는 작은 소리로 시작해서 북채를 뗄 무렵에는 큰 소리로 살려서 치다가 갑자기 딱 멈추게 됩니다. 저녁에는 '살타(殺打)'라고 하여 큰 소리로 치기 시작하여 끝낼 무렵에는 북소리를 거의 죽여 멈춥니다.

범종 · 운판 · 목어를 칠 때에도 법고를 칠 때와 같이 아침에는 종체기용, 저녁에는 섭용귀체의 원리에 입각하여 치는 것입니다.

불상에도 이 법칙이 적용됩니다. 좌체우용(左體右用)이므로, 지혜를 상징하는 문수보살은 부처님 왼쪽에 계시고, 행원(行願)을 상징하는 보현보살은 오른쪽에 계십니다. 지혜는 체가 되고 행은 용이 되기 때문입니다.

지물에 있어서도 문수보살은 갓 피어나기 시작하는 연잎을 들고 계시고, 보현보살은 연꽃을 들고 계십니다. 잎이 본체요 뒤에 피는 꽃은 용이기 때문입니다.

하루 세끼 바루를 펴는 것 또한 언제나 종체기용 섭용귀체의 원리에 의해 행하여 집니다. 바루를 펼 때는 포개어진 체의 상태에서 작은 그릇부터 펴기 시작하여 큰 그릇의 순으로 펴고, 바루를 거둘 때는 큰 그릇에서 작은 그릇의 순으로 거두어 용에서 체로 들어가도록 만듭니다. 바루를 펼 때 수저집에서 숟가락보다 가는 젓가락을 먼저 끄집어내고, 바루를 거둘 때는 수저집에 큰 숟가락을 먼저 넣고 가는 젓가락을 나중에 넣습니다.

모든 음식은 체인 중앙의 어른부터 시작하여 끝으로 돌아가고, 공양 후 천수물을 거둘 때는 용의 자리인 끝에서부터 중앙으로 거두어옵니다.

법당이나 방으로 들어서고 나갈 때에도 마찬가지입니다. 밖에서 안으로 들어설 때에는 법당이나 방이 체를 상징하므로 체인 왼발을 먼저 들이고, 나갈 때에는 바깥이 용이므로 용인 오른발을 먼저 내딛는 것이 무의식 속의 철칙처럼 되어 있었습니다. 일주문 안으로 들어설 때도 왼발이 먼저 들어가고 나올 때에는 오른발이 먼저 나옵니다.

큰 방에 주인과 객이 앉을 때에도 자리 구분이 있습니다. 옛날 사찰의 큰 방에는 청산(靑山)·백운(白雲), 간성(看星)·제강(提綱) 등의 글씨들을 써붙여 놓았습니다.

그 절의 큰스님이 구들목에 해당하는 안쪽에 앉아 바깥으로 쳐다볼 때 큰 스님의 왼쪽[體]이 청산, 오른쪽[用]이 백운이 됩니다. 곧 움직이지 않는 청산은 그 절에 주석하는 스님의 자리요, 바람따라 움직이는 백운은 객승(客僧)의 자리입니다.

요사이는 절 집안의 풍습이 많이 바뀌었지만, 6·25사변 전까지만 해도 객승이 오면 큰방 앞에서, "객승 문안드립니다"하고 인사를 하면, 방에서 "듭시오"하고 맞아들입니다. 그때 객승이 앉아야 할 자리를 정확하게 가려 들어가면 대중스님에게 꾸중을 듣지 않지만, 그 방향을 못 가리면 "앉을 자리도 구별 못한다"고 하여 첫 점수부터 깎아버립니다. 가장 기본적인 것도 모른다는 이유에서 입니다.

또 수행을 독려하고 법규를 세우는 입승 스님은 왼쪽에 있는 제강(提綱)의 자리에 앉았으며, 부전스님은 별을 쳐다보고 시간을 맞추어 예불을 올린다고 하여 오른쪽에 있는 간성(看星)의 자리에 앉았습니다. 곧 수행을 체(體)로 보고 불공을 용(用)으로 본 것입니다.

또 절 집안에서는 큰 예식이나 작은 예식을 할 때 법당에서나 마당에서나 십바라밀 정진도에 맞추어 도는 것이 규범으로 정해져 있었습니다. 이 십바라밀 정진도를 따라 돌 때, 예식을 시작할 무렵에는 왼쪽에서 오른쪽으로 돌고 예식을 마무리할 무렵에는 오른쪽에서 왼쪽으로 돌아가는 것을 철칙으로 삼았으며, 탑돌이를 할 때도 이러한 종체기용·섭용귀체는 그대로 적용되었습니다.

종체기용·섭용귀체의 원리는 49재를 지낼 때도 여전히 지켜졌습니다. 영가가 법당 밖에서 목욕을 하고 부처님께 인사를 올리러 올 때에는 왼쪽에서 오른쪽으로 돌아 들어오도록 하고, 재를 다 지내고 마지막에 '나무아미타불'을 부르며 밖으로 위패를 태우러 나갈 때에는 오른쪽에서 왼쪽으로 돌아나가야 합니다. 그때의 오른쪽 왼쪽은 언제나 부처님을 기점으로 삼습니다.

이렇듯 부처님 집안의 모든 일은 종체기용·섭용귀체의 원리 안에서 이루어집니다. 옛날에는 어른들이 행자시절부터 시작하여 차근차근 일러주셨고 까다롭게 이야기해 주셨지만, 지금은 그와 같은 어른이 거의 계시지 않아 젊은스님들은 모르고 지나갑니다.

모든 불교의 예식은 안차비와 바깥차비로 나뉘어져 있습니다. 바깥차비는 징치고 북치고 피리 불고 소리하는 외형적인 용(用)이고, 안차비는 비록 소리를 못하고 악기는 못해도 법식 자체를 처음부터 끝까지 질서정연하게 진행시키는 내면적인 체(體)라고 할 수 있습니다.

그런데 요사이 불교예식을 배우는 이들은 체에 해당하

는 안차비를 전문적으로 배운 분이 거의 없습니다. 소리하고 춤추는 바깥차비[用]를 중심으로 배우기 때문에 그분들이 정확하게 체·용을 가리며 예식을 집행하지는 못하고 있습니다. 실로 종체기용·섭용귀체의 원리에 입각해서 예식을 드리는 분이 참으로 드문 현실입니다.

종체기용과 섭용귀체!

이는 앞에서도 이야기 하였듯이 대우주법계의 원리와 하나가 되어 움직인다는 것을 상징화하고 있습니다. 곧 내가 소우주가 되어 생활하여야 한다는 것을 깨우치고 있습니다.

이 체(體)와 용(用)은 결코 둘이 아닙니다. 둘 중에 하나만 있을 수도 없습니다. 따라서 대우주법계 속에서 살아가는 우리는 체와 용을 항상 생각하는 삶을 살아야 합니다.

밝음이 있을 때 어둠을 생각하고 어둠에 처했을 때 밝음이 옴을 알며, 언젠가는 돌아간다는 것과 또 언젠가는 다시 피어난다는 것을 기억해야 합니다. 작용을 하면서도 언제나 근본 체(體)가 무엇인지를 돌아보며 살고, 고요함[體] 속에서 어느 때나 올바른 행원력을 발현시킬 수 있어야 합니다.

종체기용·섭용귀체를 잊고 사는 현대인의 삶이 아쉬워 각별히 일러 들이는 것이니 잘 유념해 주었으면 합니다.

기도 및 영가천도의 지침서

❁

기도 이야기 (신간) / 우룡스님　　　　　　　　신국판　204쪽　6,000원
"스님, 기도로 소원을 성취할 수 있습니까?" 총 6장 45편의, 참으로 재미있는 기도성취 영험담이 수록된 이 책을 읽고 기도를 하면, 불보살님과 통하는 감응의 길이 열리면서 심중소원을 빨리 성취하게 됩니다. 또한 이야기 끝에 붙인 큰스님의 해설은 기도의 방법을 쉽게 터득할 수 있도록 이끌어줍니다.

광명진언 기도법 / 일타스님 · 김현준　　　　　　신국판　176쪽　5,000원
광명진언 기도를 널리 펴고자 일타스님과 김현준 원장이 함께 저술한 책. 광명진언 속에 새겨진 참의미와 바른 기도법, 빠른 기도성취법 등을 자상하게 설하고, 유형별 기도성취 영험담을 다양하게 수록하였으며, 누구나 보기 쉽도록 큰활자로 발간하였습니다. 광명진언을 외우면 행복과 평화, 영가천도, 소원성취를 이룰 수 있습니다.

생활 속의 기도법 / 일타스님　　　　　　　　　신국판　160쪽　5,000원
불교계 최대의 베스트셀러! 일상생활에서 누구나 처할 수 있는 여러 가지 상황에 따른 구체적인 기도방법에서부터 특별기도성취법 · 영가천도기도법 · 기도할 때 지녀야 할 마음가짐까지, 자상한 문체로 예화를 섞어 쉽고 재미있게 엮었습니다.

기도 / 일타스님　　　　　　　　　　　　　　　신국판　240쪽　7,000원
총 6장 52편의 다양한 기도 영험담으로 엮어진 이 책을 읽다보면 기도를 통해 틀림없이 부처님의 가피를 입을 수 있음을 확신할 수 있게 되고, 올바른 기도법과 함께 기도성취의 지름길을 알 수 있게 됩니다.

신묘장구대다라니 기도법 / 우룡스님 · 김현준　　　　208쪽　6,000원
신묘장구대다라니를 외우면 생겨나는 가피와 공덕, 기도의 방법과 주의할 점, 우룡스님이 들려주는 14편의 영험담, 대다라니의 근본경전인 『무애대비심다라니경』을 수록하고 있는 이 책을 읽고 자신있게 기도하면 심중 소원의 성취와 기적같은 체험도 할 수 있습니다.

영가천도 / 우룡스님　　　　　　　　　　　　　신국판　160쪽　5,000원
영가의 장애를 느끼십니까? 돌아가신 영가를 영가를 제대로 천도해 드리지 못했습니까? 영가천도의 필요성과 기본자세, 염불 · 독경 · 사경을 통한 영가천도, 49재, 낙태아 천도 등 영가천도에 관한 궁금증 및 천도의 방법을 우룡스님의 자세한 법문으로 풀어드립니다.

참회와 사랑의 기도법 / 김현준　　　　　　　　신국판　192쪽　6,000원
총 84가지 문답을 통하여 참회의 정의에서부터 참회기도를 해야하는 까닭, 절을 통한 참회법 · 염불참회법 · 주력참회법 · 가족을 향한 참회법, 기도 축원의 구체적인 내용 및 자비의 기도가 갖는 효과, '백중과 영가천도'등에 대해 아주 상세하게 설명하고 있습니다.

삶의 향기를 더해주는 큰스님의 법문집

✿

참 생명을 찾는 경봉스님 가르침 / 김현준 엮음   192쪽 6,000원
경봉스님의 참 생명을 찾는 공부 방법과 도와 인생의 실체, 이 사바세계를 무대로 삼아 멋있게 사는 법 등을 다양한 이야기와 함께 설한 책.

불자의 마음가짐과 수행법 / 일타스님   신국판 192쪽 6,000원
불자들이 큰 행복과 대자유를 얻기 위해서는 어떠한 마음가짐으로 살아야 하며, 참선·염불·간경·주력의 불교 4대 수행법을 어떻게 닦아야 하는가를 갖가지 비유를 들어 자상하게 설하고 있습니다.

부드러운 말 한마디 미묘한 향이로다 / 일타스님   240쪽 7,000원
일타스님 대표 법문집. 삶의 이유, 복된 삶 이루기, 보시와 지계, 도 닦는 법, 지혜성취법 등의 맑고 주옥같은 법문으로 행복의 세계로 향하는 문을 열어주고 있습니다.

불자의 기본 예절 / 일타스님   신국판 160쪽 5,000원
불교 예절의 근본이 되는 마음가짐과 말씨, 걸음걸이와 앉음새, 합장법, 절하는 법, 법당에서의 예절, 법문 듣는 법, 목욕·입측법 등 절집안의 생활 예절을 보다 쉽게 접할 수 있도록 많은 이야기를 곁들여 재미있게 엮었습니다.

윤회와 인과응보 이야기 / 일타스님   신국판 240쪽 7,000원
"죽음 뒤의 세상, 인간은 과연 윤회하는 존재인가?" 내가 지은 업은 어떻게 전개될 것인가? 이러한 의문의 해답을 일러주고자 총 49가지 이야기로 엮은 이 책을 읽다 보면 윤회와 인과응보에 대한 해답을 명확하게 얻을 수 있게 됩니다.

참 생명을 찾는 경봉스님 가르침 / 김현준   신국판 192쪽 6,000원
경봉스님의 참 생명을 찾는 공부 방법과 도와 인생의 실체, 이 사바세계를 무대로 삼아 멋있게 사는 법 등을 다양한 이야기와 함께 설한 책.

도와 함께하는 행복과 성공 / 김현준   신국판 160쪽 5,000원
행복은 어디에 있고 어디에 깃들며, 어떻게 할 때 성공하는가? 복 짓는 법과 성공에 있어 가장 필요한 것은 무엇인가를 설한 책.

내 갈 길을 가는 불자 / 보성스님   신국판 224쪽 7,000원
믿음·하심·정진의 방법, 사경법·관음기도법·신중기도법, 참 불자가 되는 법, 지혜롭고 자비롭게 사는 방법, 도인의 진솔한 모습 등을 명쾌하게 설하고 있습니다.

행복을 여는 부처님의 가르침 / 혜인스님   신국판 160쪽 5,000원
부모님의 은혜, 인과법과 마음씨, 신심·구업口業·보시·인욕 등 불자들이 행복한 삶을 여는 데 꼭 필요한 내용들을 잘 이해할 수 있도록 자상하게 설하였습니다.

기도 독송용 경전

❀

● 우리말 경전 시리즈 ●

〈가지고 다니면서 틈틈이 읽게 되면 독송과 기도에 큰 도움이 됩니다.〉

① **금강경** / 우룡스님 역　　　　　　　　　국반판　100쪽　2,000원
'금강경을 우리말로 보급하겠다'는 원력에 의해 제작된 책.

② **부모은중경** / 김현준 역　　　　　　　　국반판　100쪽　2,000원
부모님의 은혜를 느끼며 기도를 할 수 있게 엮은 책.

③ **관음경** / 우룡스님 역　　　　　　　　　국반판　100쪽　2,000원
관음경의 번역과 함께 관음기도와 염불법에 대해 자세히 설한 책.

④ **초발심자경문** / 일타스님 역　　　　　　국반판　100쪽　2,000원
신심을 굳건히 하고 수행에 대한 마음을 불러일으키게끔 하는 책.

⑤ **지장경** / 김현준 편역　　　　　　　　　국반판　196쪽　3,500원
편안한 번역으로 쉽게 이해할 수 있도록 하였으며, 기도법도 자세히 수록한 책.

⑥ **약사경** / 김현준 편역　　　　　　　　　국반판　100쪽　2,000원
한글 번역과 함께 약사기도법과 약사염불법에 대해 자세히 설한 있는 책.

법요집 / 불교신행연구원 편　　　　　　　국반판　96쪽　2,000원
법회와 수행 시에 필요한 각종 의식문, 좋은 몇 편의 글들을 수록한 책.

선가귀감 / 서산대사 저·용담스님 역　　　국반판　160쪽　3,000원
선수행 뿐 아니라 참회 염불 육바라밀 등 불교의 요긴한 가르침을 담은 책.

한글 약사경 / 김현준 편역　　　　　　4×6배판　100쪽　3,500원
아주 큰 활자로 약사경 한글 번역본을 만들었습니다. 약사경 독경 방법 및 약사염불법도 함께 실어 기도에 도움이 되도록 하였습니다.

한글 금강경 / 우룡스님 역　　　　　　4×6배판　112쪽　4,000원
책 크기만큼 글씨도 크게 하고 한자 원문도 수록하였으며, 독송에 관한 법문도 첨부하였습니다. 사찰 및 가정에서의 독송용으로 매우 좋습니다.

한글 관음경 / 우룡스님 역　　　　　　4×6배판　96쪽　3,500원
커다란 글씨의 관음경 해설과 함께 관음경의 원문과 독송법, 관음 염불 방법 등을 수록하여 관음경의 가르침을 쉽게 이해하도록 하였습니다.

알기 쉬운 경전 해설서

❀

예불문, 그 속에 깃든 의미 (신간) / 김현준 지음   256쪽 7,000원

아침저녁으로 외우는 오분향 예불문 속에는 우리나라 불교신앙의 진수가 담뿍 담겨 있습니다. 그리고 의미를 알고 예불을 올리면 삼보의 가피를 쉽게 나의 것으로 만들 수 있습니다. 많은 불자들이 궁금해 하였던 오분향의 의미와 지심귀명례하는 방법, 불법승 삼보의 내용과 문수·보현·관음·지장보살, 십대제자·16나한·5백나한·천이백아라한·역대조사, 그리고 사부대중의 화합 등을 이 책 속에 모두 담았습니다.

생활 속의 금강경 / 우룡스님   신국판 304쪽 8,000원

금강경의 심오한 내용을 알기 쉽게 풀이하고 일상생활과 접목시켜 강설함으로써 삶의 현장에서 금강경의 가르침을 능히 응용할 수 있도록 하였고, 감동을 주는 일화들을 많이 삽입하여 재미를 더해주고 있습니다.

생활 속의 관음경 / 우룡스님   신국판 240쪽 7,000원

관세음보살보문품인 관음경을 통하여 관세음보살의 본질, 일심칭명과 재난 소멸법, 공경예배와 소원 성취법, 관세음보살을 관하는 법 등에 대해 여러 가지 영험담과 함께 감동적으로 풀이하고 있습니다.

생활 속의 천수경 / 김현준   신국판 280쪽 8,000원

천수관음이 출현하신 까닭, 천수관음을 청하는 법과 가피를 얻는 법, 신묘장구대다라니의 풀이와 공덕, 찬탄의 공덕과 참회성취의 비결, 준제기도 및 주요 진언 속에 깃든 의미, 여래십대발원문 사홍서원 삼귀의 의미 등을 상세히 풀이하였습니다.

생활 속의 반야심경 / 김현준   신국판 272쪽 8,000원

반야심경의 구절구절들을 우리의 생활과 결부시켜 참으로 쉽고 명쾌하게 해석하였습니다. 공(空)의 의미, 모든 괴로움의 원인과 해탈법, 색즉시공 공즉시색의 참 뜻, 걸림 없고 진실불허한 삶을 이루는 방법 등을 감동적으로 풀이하였습니다.

....

보현행원품 한글사경 (1책으로 3번 사경) (신간)   120쪽 4,000원
행원품을 사경하면 자리이타의 삶과 업장 참회, 신통·지혜·복덕·자비 등을 빨리 이룰 수 있고 세세생생 불법과 함께 하며 보살도를 성취할 수 있습니다.

관세음보살 명호사경 (1책으로 1만8백번 사경)
지장보살 명호사경 (1책으로 1만번 사경)   각 권 208쪽 7,000원
'관세음보살'이나 '지장보살'의 명호를 쓰면서 입으로 외우고 마음에 새기면, 관세음보살님과 지장보살님의 가피를 입어 몸과 마음이 큰 변화를 이루고, 마음속의 원을 능히 성취할 수 있습니다.

보왕삼매론 사경 (1책으로 50번 사경)   120쪽 4,000원
보왕삼매론을 사경하면 재앙이 소멸됨은 물론이요 생활 속의 걸림돌이 디딤돌로 바뀌고 고난이 사라져 하루하루가 편안해집니다.

영험 크고 성취 빠른 각종 사경집

광명진언 사경 (가로쓰기:1080번 사경)　　　　　　　　128쪽　4,000원
광명진언 사경 (세로쓰기:1080번 사경)　　　　　　　　128쪽　4,000원
눈으로 보고 입으로 외우고 손으로 쓰고 마음으로 새기는 광명진언 사경은 크나큰 성취를 안겨줍니다.

금강경 한글사경 (1책으로 3번 사경)　　　　　　　　　144쪽　5,000원
금강경 한문사경 (1책으로 3번 사경)　　　　　　　　　144쪽　5,000원
금강경 한문한글사경 (1책으로 1번 사경)　　　　　　　100쪽　3,500원
요긴하고 으뜸된 경전인 금강경을 사경해 보십시오. 업장소멸과 함께 크나큰 깨달음과 좋은 일들이 저절로 다가옵니다.

아미타경 한글사경 (1책으로 7번 사경)　　　　　　　　116쪽　4,000원
살아 생전 또는 부모나 가까운 분이 돌아가셨을 때 이 경을 쓰면 극락왕생이 참으로 가까워집니다.

반야심경 한글사경 (1책으로 50번 사경)　　　　　　　116쪽　4,000원
반야심경 한문사경 (1책으로 50번 사경)　　　　　　　116쪽　4,000원
반야심경을 사경하면 호법신장이 '나'를 지켜주고, 공의 도리를 깨달아 평화롭고 안정된 삶이 함께 합니다.

신묘장구대다라니 사경 (50번 사경)　　　　　　　　　116쪽　4,000원
대다라니를 사경하면 관세음보살님과 호법신장들이 '나'와 주위를 지켜주고 소원성취와 동시에, 행복하고 자비심 가득한 마음을 가질 수 있도록 해줍니다.

천수경 한글사경 (1책으로 7번 사경)　　　　　　　　　112쪽　4,000원
천수경을 사경하고 독송하면 천수관음의 가피가 저절로 찾아들어, 업장 및 고난의 소멸과 갖가지 소원을 쉽게 성취할 수 있습니다.

관음경 한글사경 (1책으로 5번 사경)　　　　　　　　　112쪽　4,000원
관음경을 사경하면 늘 행복이 함께 하며, 학업성취·건강쾌유·자녀의 성공·경제 문제 등에도 영험이 매우 큽니다.

지장경 한글사경 (1책으로 1번 사경)　　　　　　　　　144쪽　5,000원
지장경을 사경하고 독송하면 영가천도는 물론이요, 각종 장애가 저절로 사라지고 심중의 소원이 성취됩니다.

약사경 한글사경 (1책으로 3번 사경)　　　　　　　　　112쪽　4,000원
약사경을 사경하면 약사여래의 가피가 저절로 찾아들어, 병환의 쾌차, 집안 평안, 업장소멸을 비롯한 갖가지 소원을 쉽게 성취할 수 있습니다.

읽을수록 신심을 북돋우는 책

❀

리틀 붓다, 행복을 찾아서 / 클라우스 미코슈 지음·김연수 옮김

 재치와 감동과 따뜻함이 있는 이야기. 지혜로운 삶에 관한 이야기. 꿈과 성취와 행복이 담긴 이야기. 소중한 삶의 주제들로 가득 채워진 이 책을 읽다 보면 진정한 행복이 무엇인지를 깨닫게 되고, 우리의 불성이 깨어나고 있음을 느낄 수 있게 됩니다.　　　　　　　컬러양장본　184쪽　12,000원

육조단경 / 김현준 역　　　　　　　　　　　　신국판　240쪽　7,000원

육조 혜능대사께서 설법하신 선종의 가장 중요한 책. 육조단경은 인간의 참된 본성을 보게 하여 마음을 치유하고 깊은 깨달음을 열어 줍니다. 늘 옆에 두고 정독하면 영성이 깨어나고 대자유인이 될 수 있습니다.

선가구감 / 서산대사 저·용담스님 역주　　　　　신국판　240쪽　7,000원

선수행 뿐 아니라 참회·염불·육바라밀 등 불교의 요긴한 가르침을 일목요연하게 정리하여 불자들의 신심과 정진에 큰 도움을 주는 소중한 책입니다.

붓다께서 가리킨 길 / 서경수 글·김현준 엮음　　　신국판　184쪽　6,000원

부처님의 참된 가르침과 보살의 삶이 무엇인지를 일깨워주는 책. 어찌 살고 있는가에 대한 의문, 나를 올바로 사랑하는 법, 집착 없는 본래 자리에 대한 탐구 등을 통하여 현재의 삶을 돌아보고, 자기를 찾아가는 과정을 논리적으로 잘 설명하고 있습니다.

초심 (시작하는 마음) / 일타스님　　　　　　　신국판　272쪽　8,000원

800년 동안 우리나라에서 불교를 믿는 초심자는 누구나 가장 먼저 읽었던 계초심학인문을 풀이한 이 책을 읽게 되면 진리를 향한 첫걸음을 쉽게 옮길 수 있습니다.

발심수행장 (영원으로 향하는 마음) / 일타스님　　신국판　240쪽　7,000원

지금 여기에서 영원과 행복의 문을 여는 비결, 나와 남을 함께 살리는 길, 깊은 신심을 이루고 참된 발심을 하는 방법을 스스로 터득할 수 있습니다.

자경문 (자기를 돌아보는 마음) / 일타스님　　　신국판　280쪽　8,000원

인간이 윤회하는 까닭, 참된 나를 찾는 묘법, 해탈을 이루는 비결 등과 함께 공부할 때의 마음가짐과 하심법, 자비평등심, 깨침의 원리 등을 상세히 밝혀 놓았습니다.

사찰 그 속에 깃든 의미 / 김현준　　　　　　　신국판　320쪽　9,000원

사찰 초입의 일주문·천왕문·불이문, 사물四物·석등·탑, 대웅전·극락전을 비롯한 각종 법당 등에 담겨진 의미와 구조·변천 등에 대해 새로운 시각을 열어줍니다.

마음밭을 가꾸는 불자 / 보성스님　　　　　　　신국판　272쪽　8,000원

부처님 오신 뜻, 내가 나를 다듬는 방법, 주인 노릇하며 사는 법, 기도성취의 기본원리, 참회법, 천도재 및 백중기도법, 생활 속의 불교수행법 등을 심도있게 조명한 책.